耕地保护

长三角地区耕地保护补偿机制构建与政策创新

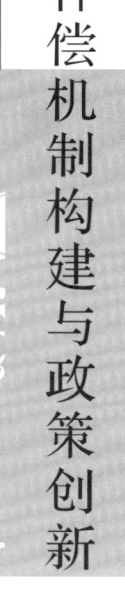

张孝宇 著

Cultivated Land Protection

上海财经大学出版社

图书在版编目（CIP）数据

耕地保护：长三角地区耕地保护补偿机制构建与政策创新 / 张孝宇著. -- 上海：上海财经大学出版社，2024.6. -- ISBN 978-7-5642-4445-3

Ⅰ.F323.211

中国国家版本馆 CIP 数据核字第 2024QK7143 号

本书系上海市哲学社会科学规划青年课题
"长三角地区农地保护生态补偿机制构建与政策创新研究"
（批准号：2019EGL004）成果

□ 责任编辑　刘　兵
□ 封面设计　贺加贝

耕地保护

长三角地区耕地保护补偿机制构建与政策创新

张孝宇　著

上海财经大学出版社出版发行
（上海市中山北一路 369 号　邮编 200083）
网　　址：http://www.sufep.com
电子邮箱：webmaster@sufep.com
全国新华书店经销
苏州市越洋印刷有限公司印刷装订
2024 年 6 月第 1 版　2024 年 6 月第 1 次印刷

710mm×1000mm　1/16　12.25 印张（插页:2）　205 千字
定价:68.00 元

前　言

　　长江三角洲是长江入海之前的冲积平原,自然禀赋优良,区位条件优越,经济基础雄厚,体制相对完善。长江三角洲包括上海市、江苏省、浙江省和安徽省,是我国综合实力最强的区域集群,也是国家区域一体化发展基础与条件最好的区域之一。随着城镇化工业化的推进,长三角地区的土地供需矛盾日渐突出,农地保护的压力持续增大;农地保护的生态外溢作用是跨区域补偿机制构建的基础,跨区域的耕地保护补偿机制构建本质上是对区域财政资金与农地资源配置的优化,可解决农地保护过程中生态外溢全局性与保护补偿的财政局地性之间的矛盾。

　　长三角内部行政单元数量多(4个省级;41个地级以上市)、层级多样(包含直辖市和省),与全国其他区域相比,各行政单位在农地保护财政转移支付方面所做的实践更早也更丰富,2009年上海市出台《关于上海市建立健全生态补偿机制的若干意见》和《生态补偿转移支付办法》,将基本农田作为四大重点生态领域,成为全国首个建立市对区生态补偿财政转移支付制度的地区;2010年苏州市出台《关于建立生态补偿机制的意见(试行)》,把基本农田纳入生态补偿重点范围,市、区对承担生态保护的乡镇、村进行财政拨付,对直接承担生态保护责任的农户进行补贴,对土地流转农户、经营大户进行补贴;随后,江苏省的苏州市、常州市,浙江省的杭州市、嘉兴市陆续出台了针对农地的财政转移支付相关政策。这些政策实践反映出了农地保护在土地非均衡发展策略下对合理有效的财政转移支付政策的迫切现实需求,而长三角地区作为具有良好经济、制度基础和先发优势的一体化发展先行区,理应在经济发展新阶段中积极探索,完善土地发展与保护过程中的财政转移支付制度,合理有效发挥政府引导机制和市场机制在土地资源、财政资金配置中的关键作用。本研究选择长三角地区为研究区域,探讨跨区域耕地保护补偿机制的构建,尝试创建纵横交错的财政转移支付实现政策创新。

张孝宇

2024 年 6 月

目 录

第一章 研究背景 / 1
  一、研究目的 / 2
  二、选题意义 / 3
    （一）理论意义 / 3
    （二）现实意义 / 4
  三、研究思路 / 4
    （一）研究方法 / 4
    （二）技术路线 / 5

第二章 相关研究与实践发展动态分析 / 9
  一、相关研究动态 / 10
    （一）补偿的依据及补偿标准研究 / 11
    （二）补偿对象的研究 / 12
    （三）补偿方式的研究 / 13
  二、地方实践发展、分异与政策需求分析 / 15
    （一）采取耕地用途管制，实现耕地保护补偿的政策初衷 / 15
    （二）全国耕地保护补偿政策的实施现状与政策分异 / 16
    （三）当前各地耕地保护补偿政策面临的问题 / 17
    （四）跨区域耕地保护补偿政策的需求分析 / 18
  三、相关研究与实践发展述评 / 19

第三章 农地保护补偿的理论分析框架与数据来源 / 23
  一、农地保护补偿的基础 / 24
  二、农地保护补偿的理论分析框架 / 24
  三、实证研究框架及内容 / 26
  四、数据来源与基础处理 / 28

（一）行政区划（矢量数据）来源与处理 / 28
（二）LUCC 数据（栅格数据）来源与处理 / 28
（三）农户数据（调查数据）来源与处理 / 29
（四）区域数据（统计数据）来源与处理 / 32

第四章　基于区域福利提升的农地保护补偿机制探索 / 35
一、长三角地区农地保护与利用现状 / 36
（一）长三角地区农地利用变化情况 / 36
（二）长三角地区历年耕地非农化情况 / 39
（三）长三角地区耕地保护补偿制度建设情况 / 40
二、基于泰尔指数及其分解的土地发展非均衡性测度 / 43
三、实证结果分析 / 44
（一）省级尺度实证结果分析 / 44
（二）市级尺度实证结果分析 / 47
四、本章小结 / 50
（一）主要结论 / 50
（二）几点建议 / 51

第五章　基于个人福利提升的农地保护补偿机制探索 / 53
一、农户对农地保护的认知情况 / 55
（一）受访者对本地耕地保护情况的认知 / 55
（二）受访者对耕地保护补偿政策的认知 / 58
（三）受访者对耕地多元价值的认知 / 60
二、模型构建与实验设计 / 61
（一）模型构建 / 61
（二）上海市松江区耕地补偿方案属性选取与水平确定 / 62
（三）基于农户受偿意愿的耕地保护补偿选择实验设计 / 65
三、实证结果分析 / 67
（一）混合 logit 模型估计结果 / 67
（二）基于管制强度的受偿意愿的空间异质性及来源分析 / 75
（三）潜类别 logit 模型估计结果 / 80
四、本章小结 / 83
（一）主要结论 / 83

（二）几点建议 / 84

第六章　长三角地区耕地补偿机制的绩效评估 / 87
　一、基于长三角地区耕地补偿实践的绩效分析 / 88
　　（一）耕地保护补偿政策绩效评价指标体系 / 88
　　（二）指标的描述性统计 / 89
　二、模型构建 / 91
　　（一）耕地保护补偿政策效率测算 / 91
　　（二）耕地生态补偿政策的空间外溢效应 / 92
　三、实证结果分析 / 93
　　（一）耕地保护补偿政策投入效率测算 / 93
　　（二）基于空间回归模型的耕地保护补偿政策效果 / 95
　　（三）耕地补偿政策的空间作用及演进分析 / 105
　四、本章小结 / 111
　　（一）主要结论 / 111
　　（二）几点建议 / 113

第七章　构建长三角地区耕地保护补偿机制的政策建议 / 115
　一、主要研究结论 / 116
　二、国外农地补偿的经验借鉴 / 117
　　（一）欧盟的做法及经验借鉴 / 117
　　（二）巴西的做法及经验借鉴 / 119
　　（三）韩国的做法及经验借鉴 / 121
　　（四）对建立健全长三角耕地生态保护补偿机制的启示 / 123
　三、长三角地区耕地保护补偿机制设计 / 124
　　（一）建立多层级纵横交错的耕地保护补偿制度框架 / 124
　　（二）建立符合受限个体偏好异质性的耕地保护补偿引导策略 / 125
　　（三）建立约束性指标为导向的耕地保护补偿发放条件 / 126
　　（四）完善资金分配方案保障耕地保护补偿制度的落实 / 126
　四、政策建议 / 127
　　（一）加强政策宣传的建议 / 127
　　（二）提升政策效果的建议 / 128
　　（三）提高政策效率的建议 / 128

（四）保障政策落实的建议 / 129
五、研究展望 / 130
　　（一）研究可进一步扩大调研区域与现有研究结论实现相互印证 / 130
　　（二）研究可进一步加强研究深度实现跨区域补偿的金额测算 / 130

附录 / 131
　附录一　调查问卷 / 132
　附录二　正交实验结果 / 143
　附录三　长三角地区市级耕地保护补偿的全要素产生率及其分解 / 156
　附录四　松江区农业综合补贴政策改革试点实施方案（试行）/ 158
　附录五　松江区家庭农场考核奖励实施意见 / 168
　附录六　松江区关于以奖代补耕地质量保护的实施方案 / 176

参考文献 / 179

第一章

研究背景

一、研究目的

党的十九大报告指出社会主要矛盾变为发展的"不平衡不充分"，并做出中国经济已由高速增长阶段转向高质量发展阶段的基本判断，在乡村振兴战略提出后，2018年中央一号文件明确提出：建立多元化生态补偿机制是助推乡村振兴的重大体制机制创新，是促进区域平衡发展的重要途径。在2021—2023年连续三年中央一号文件强调要严格实行土地用途管制，落实"长牙齿"的耕地保护硬措施背景下，理想的农地保护政策既要确保耕地数量不减少、质量有提高，也要通过补偿机制设计促进区域平衡发展。为实现这一理想状态，各地开展了丰富的补偿实践，但当前农地保护及补偿中由于权、责、利的不均衡使效果难衡量、公平难兼顾的现象却普遍存在，导致试点行为难有推广效应。因此在农地保护中创新补偿机制，通过优化设计区域间财政转移制度安排，使当前过度依赖约束性的自上而下的垂直转移支付向追求约束-激励相容的纵横兼顾的转移支付转变，以促进区域相对平衡发展，改善地方政府的财政状况、提升微观主体福利，实现农地保护政策激励相容提供可参考的研究成果是本研究的主要目标。

从当前中国社会主要矛盾和经济发展阶段看，探索适合中国国情的兼顾农地保护效果（数量不减少、质量有提高）与公平（缩小发展受限主体间的差距）的制度安排是当下中国农地保护政策研究的重要问题，而实现纵横兼顾、权责匹配、激励-约束相容制度设计是研究农地保护补偿机制的重中之重。针对不同利益主体农地保护的补偿依据是否一样、是什么？农地保护补偿中不同利益主体的分配关系是怎样的？国土管制单元和财政转移支付单元间的互馈关系如何影响农地保护相关主体的利益分配？纵横兼顾的补偿机制是否能实现激励-约束相容？以及最适合的政策设计尺度及范围是什么？本研究将以"不均衡发展-权责错配-福利损失"为理论分析框架，基于典型地区长三角三省一市历年土地利用变化情况和实地调查，对国土空间管制下多主体、多尺度的农地保护补偿机制设计进行系统和多层次的测算与分析。

二、选题意义

（一）理论意义

识别并分解出国土空间管制中的"特别牺牲"部分，以理解和制定约束-激励相容的农地保护补偿政策。当前由于农地保护补偿的内涵与理论基础仍存在分歧，所以补偿的测算方法与金额也存在显著差异，基于资源价值、基于效用模型通过市场机制实现外部性内化、从制度安排角度出发结合多种方法进行综合核算等几类主要观点都有诸多实证研究成果，且中国 2005 年已经建立起农地保护补偿制度，典型地区实践案例也有不少，但每年地方政府和农地直接使用者的违法冲动为何还没有得到有效抑制？特别是地方政府在环境保护的上级委托下为何仍难以积极执行？识别并分解出国土空间管制中的"特别牺牲"部分，有助于研究理解地方政府在环境保护和经济发展的双重委托下的激励约束不相容，及农地直接使用者在农地保护责任和发展目标间的冲突，这是制定约束-激励相容的农地保护补偿政策的基础。

建立"农地保护与发展非均衡-地方政府财事权空间错配-地方政府财政困境/改善-个体福利损失/改进"的理论分析框架。多主体和多尺度是国土空间用途管制下农地保护过程客观存在的事实，但国土管制是基于地块、功能区展开，而财政政策创新往往要基于财政预算单元实施，二者之间相互作用，但转化机制不明。本研究在厘清区域土地发展非均衡性中资源禀赋差异与国土空间用途管制二者的作用后，通过分析国土空间用途管制对不同主体的作用机制，梳理不同主体和不同尺度之间的内在联系和对应关系，以农地保护与发展均衡机制设计和财政转移制度创新为导向，建立起逻辑清晰的多主体-多尺度结合的分析框架，以期在国土空间用途管制下有效串联起国土管制单元与财政预算单元。

（二）现实意义

处理好农地保护相关利益主体的分配关系是实现纵横兼顾的农地保护补偿政策缓解区域不平衡发展的关键。当前典型地区的农地保护补偿制度的实践的异化，多出现在市（县、区）-乡镇-村-个人这些尺度上，而异化的内容主要集中在补偿方式和补偿金额上，其中补偿金额与补偿依据相关，而补偿方式体现的是相关利益主体的分配关系。为何分配关系难以达成一致？这与管制单元与管制对象间的不适配有密切关系，探索国土管制单元和财政转移支付单元间的互馈关系，在上级财政转移支付金额不变的情况，通过调整、处理好不同利益主体间的分配关系提高农地保护效果、保障公平，是实现纵横兼顾的农地保护补偿政策缓解区域不平衡发展的关键。

探索农地保护与发展的均衡机制是创新农地保护补偿制度实现经济高质量发展的重点。当前国土空间管制下农地保护政策约束有余、激励不足，导致管制对象在更好利用发展农地上缺乏积极响应，探索农地保护与发展的均衡机制核心是要创新农地保护补偿制度，实现政策对相关利益主体的约束-激励相容，促进区域经济增长和城市土地扩展脱钩，弱化个体（农地直接使用者）收入的增加对农地的依赖，这是实现中国经济高质量发展的重点。

三、研究思路

（一）研究方法

1. 资料搜集方法

文本数据。主要是各个层面的政策文件，一方面来源于各类政府官方网站公开文件、依申请公开文件，另一方面通过访谈地方政府相关行政主管部门获取。

统计数据。统计数据一方面来源于官方公开数据，如《中国统计年鉴》《上海统计年鉴》《浙江统计年鉴》《江苏统计年鉴》《安徽统计年鉴》《中国国土资源统计》《中国城乡建设统计年鉴》上海市财政局网站等；另一方面通过访谈地方政府相关行政主管部门获取非公开统计数据。

空间数据。通过中科院资源环境科学数据中心资源共享目录中申请所需土地利用覆被数据；通过天地图获取研究区的分级行政区划数据。

调查数据。在已经有农地保护财政转移支付实践的区域开展问卷调查，如上海市松江区开展农田保护浦北浦南转移支付的实践，用于农地保护外溢效应的测度的实证分析。

2. 资料分析方法

本研究坚持理论与实证调研分析相结合，以实证分析为主，辅以经验对比分析，力求以事实说话，做到科学性、可行性。

理论分析。主要通过文献阅读，搭建区域农地保护补偿机制的理论分析框架，明确补偿实施的要素。通过政策资料的时间、内容、关键要素等内容的梳理，明确长三角高质量一体化发展背景下，长三角地区构建农地保护补偿机制的政策需求。

比较分析。一方面梳理全国范围内农地保护补偿政策，比较政策目标、补偿对象、经费来源、补偿标准等内容，用于理解长三角地区农地保护补偿机制构建的需求。另一方面通过比较长三角区域内部各地耕地保护补偿政策实施现状，用于理解长三角耕地保护补偿政策创新的需求。

实证分析。主要分两个层面展开：一是基于微观主体，开展地块尺度和功能区尺度的研究，采取选择实验法设计调查问卷，获取个体层面数据进行实证分析。二是基于多尺度政府层面，开展地方政府的管制受限非均衡程度分析、地方政府的耕地保护补偿政策的效率、效果和空间效应、政策路径分析等。

（二）技术路线

研究按照"农地利用区域非均衡性—农地保护个人福利损失—财

政转移政策创新—农地保护与发展均衡机制设计"的思路进行研究。

首先,本研究在全面整理和梳理国土空间用途管制政策下农地保护补偿的政策、文献基础上,分析环境价值理论、外部性理论、特别牺牲理论等,构建农地保护与发展的多尺度-多主体逻辑分析框架。其次,本研究在地方政府层面,衡量多尺度下的农地利用非均衡性,并分析耕地保护对初始资源禀赋的偏离程度,以此判断不同财政预算单元尺度上的地区福利损失需要通过横向还是纵向转移支付制度弥补。再次,本研究通过分析不同管制程度下个体福利损失的异质性,判断补偿政策的有效性及影响因素。最后通过测度农地保护政策的效率和效果,以激励相容和效率效果兼顾为原则,进行财政制度创新,实现国土管制单元上个体福利改进和财政预算单元上地方政府财政状况改善。具体技术路线见图1-1。

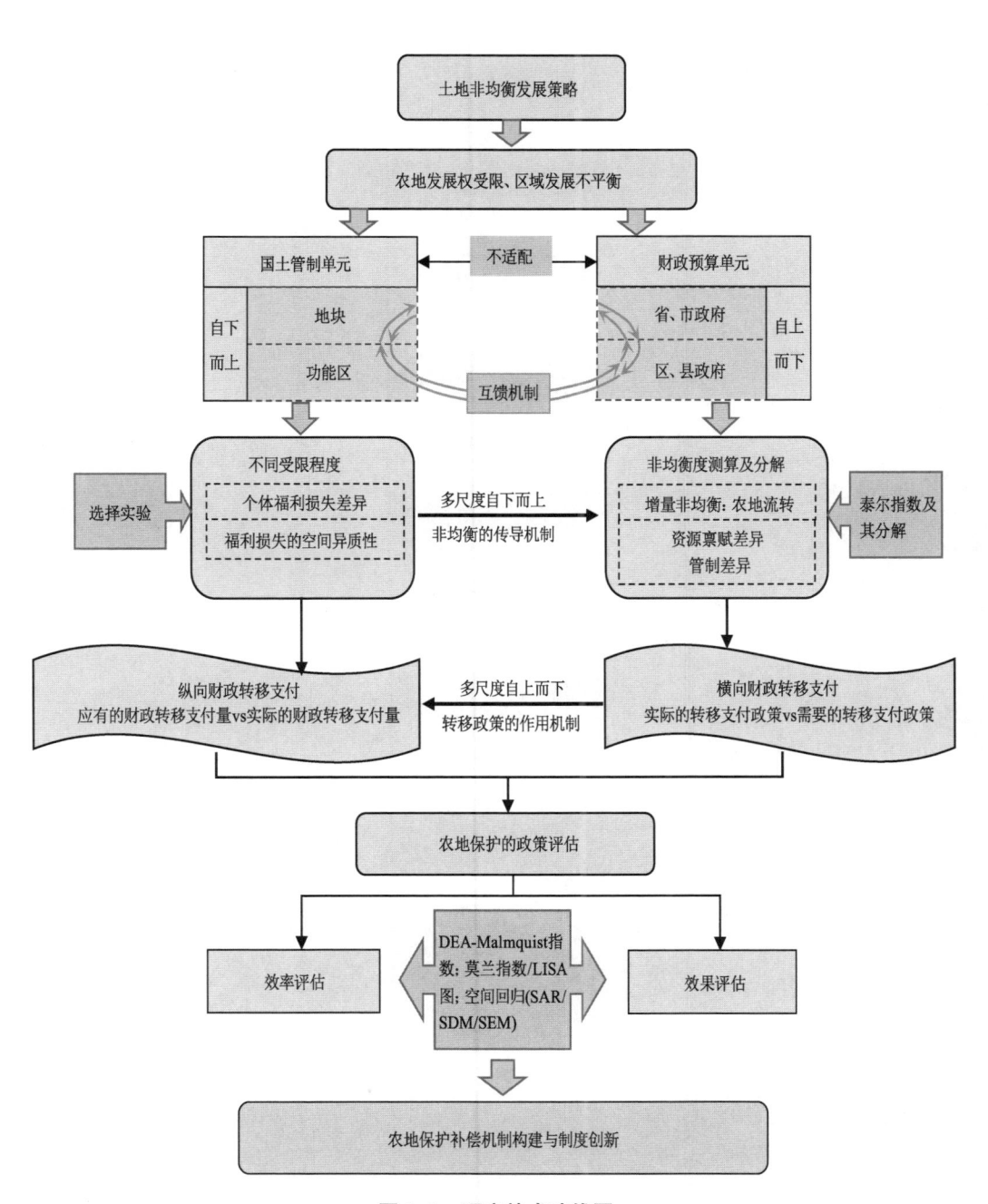

图 1-1 研究技术路线图

第二章

相关研究与实践发展动态分析

一、相关研究动态

农地保护的研究随着社会经济发展条件变化，经历了三个不同阶段。

（1）农地数量保护。国内外城市化进程中城市的快速发展都伴随着农地流失，而全球能源危机下粮食供给不足的问题，最常见的是通过分区管制（zoning）来实现农地数量的保护上，以保障公众对粮食和农副产品的需求。

（2）农地数量和质量的保护。在粮食危机解除和公众对农产品质量需求的提升下，农地保护开始关注农地质量的保护。各国通过区分农地等级，对农地进行分级管制，以实现对优质农地数量和质量的保护（Gardner，1977；张安录等，1998）。

（3）农地生态管护。在全球可持续发展浪潮下，公众对环境敏感区的关注日益增加，农地的非生产功能（休憩、景观、水土保持等）不断凸显。德国、美国、加拿大、荷兰等在20世纪80年代中期开始通过相关法案和计划促进环境脆弱的农用地实现景观、环境舒适（amenity）等非生产价值的保护（Lichter et al.，2011；Jiang et al.，2020）。另外，基于对本地环境友好型农业的需求增加和大食物观理念的兴起，近年来在关注农地保护政策与农业生产系统协同关系的研究上也出现了较多研究成果（Long et al.，2018；Kassis et al.，2021；Liang et al.，2022），粮食安全对农地保护政策制定的影响发生一定变化。

虽然农地保护经历了多个不同的发展阶段，但可以看到，不管是农地的数量、质量还是非生产功能的保护，农地保护均需通过国土空间用途管制实现，而国土空间用途管制往往存在经济不效率和分配不公平的问题（Fischel，1990；Ganong et al.，2017），由其引起的土地非均衡发展不仅导致了区域土地发展的非均衡性（钱忠好，2004；张孝宇等，2014），还导致了区域之间保护责任与发展机会的非均衡，为解决这种不均衡，需采取市场机制、政府干预或二者结合的手段实行农地保护补偿，因为单一的政策往往难以有持续的积极作用（张晏维等，2022）。目前农地保护的全球实践中大量通过可转移发展权（TDRs）交易实现农地城市流转过程中经济福利增加集团对经济福利受损集团的补偿，如美国（Nelson，2011）、日本（张孝宇等，2018）等；中国也进行了类似土地发展权转移的尝试（汪晖等，2009；文兰娇等，2016），对农地保护起到积极作用。

农地保护应予补偿已在研究和实践中达成共识，但在为何补、谁来补、补给谁、补多少、如何补等问题上却还存在分歧，以这五个问题可将当前农地保护补偿研究梳理为以下三大类。

（一）补偿的依据及补偿标准研究

由于在补偿的内涵与理论基础上的分歧，农地保护补偿标准测算存在显著差异。关于补偿主要有以下几种观点。

一是基于资源的价值进行补偿，该基础下农地的资源价值且生态效益"外溢"而产生正外部性是生态补偿赖以建立的理论依据，以此为基础构建的单一生态要素生态补偿具有正当性。基于资源的生态价值评估量化的农地保护补偿实证研究实证有着广泛应用（丁振民等，2019），该种方法测算原理简单易懂，补偿主体一般为中央政府或者省级政府通过转移支付实现，但生态外溢的测算、生态外溢的边界、外溢的供给与受益者界定等等都还存在一定的障碍，而且经济学是从边际量而非绝对量来衡量生态环境的稀缺性，另外基于这种方法测算的补偿金额在各种方法中是最大的，补偿资金的来源很难落实，所以这种方法目前在实践操作中不常被选用。

二是在新古典经济学分析框架下基于效用模型进行补偿，尝试将资源的生态服务商品化，通过市场机制实现外部性内化（Engel et al.，2008）。一方面随着资源非市场价值核算方法的发展，基于条件价值评估法（Contingent Valuation Method，CVM）、选择实验（Choice Experiment，CE）、特征价格模型（Hedonic Price Model，HPM）等方法的完善（Mariel et al.，2021），相关研究成果大量涌现（Irwin et al.，2009；杨欣等，2017；Yang et al.，2021；Mariel et al.，2022；Tanaka K et al.，2022）。另一方面从保护的成本核算角度也出现了诸多研究成果（李国敏等，2017），这些成果为丰富农地保护补偿的理论和机制构建进行了有益探索。但这些研究成果在现实中却难以有效应用，因为基于此的补偿机制运行条件，如自愿交易、配置清晰的环境产权、有效的谈判机制、足够低的交易费用等在现实中均不容易实现（Farley et al.，2010）。

三是从制度安排角度出发，根据现实情景，结合多种方法进行核算，该思路是以农地保护补偿政策效果提升为导向进行测算，相关研究指出将资源的生态服务商品化会挤出地方政府、农民等利益相关主体对农地保护的内在动机，通过制度安排协调相关主体的利益关系，才是农地保护补偿的要义，所以在国土空间用途管制下，单一的市场手段、纵向的转移支付或横向转移支付都不足以化解农地保护过程中的利益冲突，需要以综合手段构建农地保护补偿机制（宋敏等，2016；林坚等，2019）。

（二）补偿对象的研究

尝试通过更好理解补偿对象的行为逻辑优化农地保护的补偿机制：

具有"经济人""政治人"特征的地方政府在农地保护补偿政策下存在显著的财权事权错配，这种错配在中国财政分权制度下更突出。中国单中心（党委）和多主体（政府、人大和政协）的组织结构使多级政府间形成"委托—代理"关系，地方政府在农地保护上财权事权错配现象显著（周小平等，2010）；地方级的国土空间用途管制分区在某种程度上是一种政治妥协（Lu et al.，2023），在经济发展与农地保护的双重委托下，地方政府的效用函数与中央政府效用函数存在明显偏离（钱忠好，2003；Tang et al.，2021）；而在中国财政分权体制（纵向竞争）和地方竞争体制（横向竞争）双重背景下，各地方政府都拥有更加强烈的激励去扩大预算外收入，加大对地区经济的攫取，1994年分税制改革地方政府就存在财权和事权的不匹配（Nannan，

2019；Huang et al.，2019），这种不匹配驱动加剧了农地保护主体（地方政府）的在农地保护上的绩效偏离。

具有"理性人"特征的个体在空间管制下存在显著的福利非均衡、权利和义务的不对等，这种非均衡与不对等在中国城乡二元土地制度下更突出。国土空间用途管制会引起管制受限区和发展区土地价值的"暴损"和"暴利"（Gardner，1977），农地使用者和所有者享受的权利和承担的责任不对等，导致受管制者普遍缺乏农地保护的动力，而在政府惩罚力度不足或者惩罚措施难以执行的情况下，农地抛荒和农地违法利用情况普遍出现（王青等，2019；Perrin et al.，2020；黄少安等，2021），或进行制度创新尝试（汪晖等，2009；Su et al.，2013）。1982年《宪法》形成城乡二元土地制度，确定地方政府在土地出让市场上的卖方垄断地位（钱忠好，2004），中国更容易出现农地保护主体的权利和义务不对等的情况，不同所有者之间在土地使用权利和土地利益分配上出现了鸿沟，在农地转用过程中原来的农民集体丧失土地使用权、收益权和发展权（刘守英，2014）。

（三）补偿方式的研究

由于补偿方式的视角差异，相关研究主要有两个分支：公共财政视角更多关注政府间财政关系，往往和生态转移支付（ecological fiscal transfers，EFT）一起讨论；公共政策管理视角更多关注个体补偿情况，往往与农业环境支付（agri-environmental payments，AEP）和生态环境服务付费（payment for ecosystem services，PES）一起讨论。

从公共财政角度看，由于农地保护补偿的主体为政府，农地保护补偿本质上属于生态转移支付（EFT），EFT是政府间财政转移支付（IGFT）的一种，EFT在财政分权理论下，补偿方式有垂直转移支付（vertical transfer payment）和横向转移支付（Horizontal transfer payment）两种方式，全球每年有超过4.9万亿美元从中央政府转移下下级政府（Busch et al.，2021）。国外研究探究了垂直转移支付和横向转移支付的选用条件（Oates，1999；Besley et al.，2003），由于EFT与IGFT其他目标间可能存在的协同作用，EFT能实现地区间财政收入均等化和保护环境的双重红利（Droste et al.，2017）。国内研究有垂直转移支付方式的研究，主要研究方向在中央-地方的转移支付上更关注绩效评价而非制度设计（徐鸿翔等，2017），在地方-个人的转移支付上也是关注补贴效果而非制度设计（Cai et al.，2018）；主流的是横向转移支付方式的研究，各种尺度的都有研究成果，如省际间（孙晶晶等，2018；崔宁波等，2021），功能区间（王雯雯等，2020；Chen X et al.，2021），流域带内（张俊峰等，2020），及县级尺度的研究（杨欣等，2017）；也有纵横交错转移支付方式的研究，在补偿方式研究上做出了有益的探索（周小平等，2010；梁流涛等，2019），但由于纵横兼顾的转移支付方式设计中协调生态单元与经济单元之间的关系十分复杂，加之有研究指出不同管制强度会对农地价值产生额外的扭曲（Lee et al.，2021），不同的支付方式也会影响政策绩效，相关实证研究由于分析框架和机制的不确定，进展相对不足。

从公共政策管理角度看，农地保护补偿是一项公共政策，补偿方式可分为基于结果支付（outcome-based payment）和基于行动支付（action-based payment）两种方式。基于农地质量和生态保护的目标，欧美主要通过对土地使用者进行农业环境支付（AEP）或生态环境服务付费（PES）来实现，欧盟和美国每年大约分别花费4亿欧元和6亿欧元在AEP上（Wuepper et al.，2022）。大多数AEP或PES基于行动支付，基于行动支付在政策格局中占主导地位，因为基于行动支付时，行动是更容易观察到的，监管机构监测行动比监测结果要更容易（Burton et al.，2013；Herzon et al.，2018），比如监测一个农户是否种植绿肥比监测一个农户的耕地质量是否提升更容易；而且对于土地使用者而言，行动是可以完全自主控制的，而结果（如耕地地力水平、耕地生态价值等）由多种因素共同形成，不确定大大增加（Šumrada et al.，2021；Ayambire et al.，2021）。但相关研究指出，基于结果支付比基于行动支付有更好的成本效益和合法性（Wunder et al.，2018；Vainio et al.，2021），理论上在信息完全对称情况下，基于行动支付和基于结果支付同样有效，但在道德风险和逆向选择影响下，基于行动支付产生的额外性很低（White et al.，2016；Claassen et al.，2018），支付在改变农民土地利用行为方面的作用很有限。近年逐步出现了混合支付方式的实践和实证研究（Herzon et al.，2018；Zabel et al.，2019），但在混合使用基于结果和基于行动支付是否能产生更好的成本效益还未达成共识（Börner et al.，2017；Bartolini et al.，2021）。

二、地方实践发展、分异与政策需求分析

（一）采取耕地用途管制，实现耕地保护补偿的政策初衷

耕地用途管制有效保障了国家粮食战略安全，优化了城乡土地利用空间格局。但管制产生了一个难以忽视的土地或社会问题：管制单元的相关利益主体，如地方政府、农民等，因管制形成了"特别牺牲"，这种"特别牺牲"扩大了区域间、主体间的发展不平衡，隐藏着不公平的危机，所以中国自 2005 年开始探索建立耕地保护补偿机制。

耕地保护补偿政策的初衷和导向是：

一要提高农民种粮积极性，减少耕地撂荒现象。随着城市化进程推进，中国耕地资源虽稀缺，但撂荒情况仍不断恶化。2011 年央视《新闻 1+1》报道，中国有近 3 000 万亩耕地常年撂荒；研究指出，2017 年全国 95% 的县级行政单元存在耕地撂荒现象，撂荒面积高达约 1.37 亿亩，撂荒率 6.75%。通过耕地保护补偿，可以减少农业与其他行业收入差距，提高农民种粮意愿。

二要提高地方政府耕地保护积极性，减少基层土地违法。统计数据显示，1998—2017 年间，县级以下政府、村（组）集体和企事业单位，土地违法占耕面积占比平均 74.1%，最高的时候甚至达到 83.7%；自然资源部自 2020 年来相继通报的违法占用耕地案例中，"政府类"违占主体的案件表现出数量少、规模大、非农化的特征，是整治查处的难点。通过耕地保护补偿，可以促进基层政府耕地保护责任的激励约束相容。

三要缩小由于管制带来的地区间、城乡间发展不平衡。中国自 1996 年进入快速城镇化发展阶段至今，人均 GDP 最高与最低的省市比，虽然倍数由 1996 年的 10.1 倍降为 2022 年的 4.2 倍，但绝对差值从 18 428 元/人扩大为 145 105 元/人；城乡居民收入比也从 2.27 扩大为 2.56，绝对差额更是从 2 451 元增加至 26 703 元。2018 年中央一号文件明确提出多元化生态（耕地）补偿机制是促进区域平衡发展的重要途径。

（二）全国耕地保护补偿政策的实施现状与政策分异

自国家开始探索建立耕地保护补偿机制，各层级地方政府开展了丰富的政策实践。从上海市、浙江省、广东省等率先开展耕地保护补偿至今，全国已有 1/4 的省份在全省推行耕地保护补偿政策；近 1/4 省份内部分地区试点耕地保护补偿政策；其余省份正在研究开展此项工作。总体来看，经济发展条件较好地区的补偿实践走在全国前列，已开展的政策实践有以下几个特征。

第一，补偿的方式各有特色与功能。有普惠式补偿，如针对永久基本农田，浙江省按照 40 元/亩、广东省按照 30 元/亩的标准，直接补贴给农村集体经济组织。也有激励式补偿，根据耕地保护责任目标考核结果，奖励耕地保护成效突出地区，资金奖励如江苏省每年确定 50 个乡（镇）作为省级激励对象，各奖励 200 万元；新增建设用地指标奖励，如山东省 2021 年度竞选出 20 个县（市、区），共奖励 6 000 亩用地指标，保障发展需求。

第二，补偿的标准差异较大。补偿标准差异主要源于经济水平和财政状况。地区间差异明显，标准较高的北京市海淀区为 1 500 元/亩·年，湖北省武汉市为 5~35 元/亩·年；地区内也有差异，如浙江省，杭州市补贴可达到 600 元/亩·年，而省内大部分其他市按 30 元/亩·年执行；补贴标准的更新机制也不同，大部分地区不调整，如浙江省 2009 年至今，一直是 30 元/亩·年，而广东省中山市则逐年上调，2018 至 2022 年，基本农田分别执行 212、225、239、253 和 268 元/年·亩的标准。

第三，补偿资金使用范畴不尽一致。耕地保护补偿资金使用范畴一般包括永久基本农田建设与保护、地力培育、土地整治、耕地质量保护与提升等。有些地区扩大资金使用范畴，用于农民的社保资金投入、农民养老保险补贴、社会养老保险和农村合作医疗等支出，如广东省中山市；但也存在脱离制度设计初衷，将资金使用范畴，扩大至用于发展农村公益事业、建设农村公共服务设施、困难户救助、兑付土地确利收益等，如北京市海淀区。

第四，补偿对象存在一定分化。耕地保护补偿政策设计原则是"谁保护、谁受益"，在政策实践中补偿对象一般为承担保护责任的村级集体经济组织和农户。有些地区针对农户的耕地保护补偿，通过耕地地力保护补贴实现，如浙江省，补偿变补贴，补偿政策出现变形走样。有些地区将地方政府作为补偿对象，如安徽省耕地保护补偿激励资金，拨付至乡镇后，由乡镇进行专款专用，其中资金的50%以上用于辖区内村级集体经济组织。

（三）当前各地耕地保护补偿政策面临的问题

地方实践已经探索接近二十年，但仍难以形成全国性政策文件或实施办法，而是持续表现出政策差异，这恰恰能反映出当前耕地保护补偿政策存在的问题。

第一，省际间横向转移支付政策的缺失，导致经济发展、财政收入相对较差的省，难以推行耕地保护补偿政策。健全主产区利益补偿机制是党的二十大提出的重要方针，2023年的中央一号文件也明确提出要健全主产区利益补偿机制。2023年中央财政下达农业相关转移支付2 115亿元，实现了中央财政对省级财政的纵向转移支付；经济发展较好、财政收入较高的省，通过耕地保护补偿实现了省级到下级财政的纵向转移支付；粮食主销区对主产区的横向补偿机制却是缺失的，当前省际间横线转移支付多以产业、技术帮扶为主，直接的资金方式较少，这导致耕地保护任务重的省，财政收入来源减少、支出需求变大，省内耕地保护补偿难以落实。

第二，省内耕地保护补偿，保护目标和保护手段存在一定偏离。省内耕地保护补偿政策的补偿对象，是承担保护责任的基层政府和村级集体经济组织。理想的耕地保护补偿政策，要确保耕地数量不减少、质量有提高，也要促进区域平衡发展。但目前绩效考核聚焦在数量不减少，质量提高通过资金用途来体现，且没有评价机制。耕地保护补偿呈现出"输血式"特征，在制度设计中缺乏对补偿资金发挥长效作用的考虑，导致基层政府和村级集体经济组织，落实耕地保护责任时，更多考虑的是，用补偿资金弥补财政收入的不足；而较少思考，用补偿资金推动农业现代化和提质增效。

第三，针对农民的耕地保护补偿，由原农业支持保护补贴，即耕地地力保护补贴来实现，普惠有余、激励不足。2016年全国全面推开农业"三项补贴"改革，将农业"三项补贴"合并为农业支持保护补贴，政策目标调整为支持耕地地力保护和粮食适度规模经营。多省在耕地保护补偿政策中，明确将耕地地力保护补贴等同于农户耕地保护补偿。补贴体现的是普惠性和基础保障，补偿更多关注特定主体和激励性。以补贴来代替补偿，虽然操作简单，但缺乏有效考核手段和约束，资金使用绩效、耕地保护绩效难以衡量。

（四）跨区域耕地保护补偿政策的需求分析

一是长三角区域一体化建设需求。长三角一体化建设由习近平总书记亲自谋划、亲自部署、亲自推动，2018 年 11 月 5 日上升为国家战略，在"一体化"和"高质量"两个关键词下，2021 年 5 月，国务院批准同意成立长三角区域生态环境保护协作小组，全方位涵盖大气、水、土壤、固废危废、绿色发展、制度建设等方面，涉及 17 个国家部委，形成了国家指导、地方负责、区域协作、部省协同的工作模式。2021 年编制了《长江三角洲区域生态环境共同保护规划》，到目前为止，在指导推进区域绿色低碳发展、深化区域大气污染联防联控、推动跨界水体共保联治、协同推动区域土壤污染治理、推动区域固废危废联防联治等方面做出了积极成效。在随后出台的《长三角生态绿色一体化发展示范区生态环境专项规划（2021—2035 年）》中，强调了在规划范围（上海市青浦区、江苏省苏州市吴江区、浙江省嘉兴市嘉善县）内要强化农业污染治理，所以跨区域的耕地生态保护补偿制度亟待探索制定。

二是完善耕地保护政策框架需求。实施耕地补偿政策的主要目的在于补偿耕地的正外部性，同时避免负外部性出现，也即将耕地的外部性内化。目前以财政预算单元开展的纵向耕地保护补偿取得了积极的成效，但是耕地的外部性边界与行政界线并不匹配，要补偿地方政府的福利损失的最佳行政尺度是什么？在当前耕地保护政策框架下，政策实施关键做法比如补偿对象、补偿标准等仍存在一定差异，补偿是给到地方政府还是给到个体？补偿标准是不是越高越好？什么样的方式和标准会有更好的政策效果是亟待厘清的，研究需要针对补偿对象、补偿标准、管制单元和财政预算单元的最佳匹配方式等当前实践中存在广泛分歧的问题开展，这些都是跨区域耕地保护补偿机制内的关键问题，有较强的政策制定需求。

三是实现经济高质量发展的需求。耕地作为粮食生产的重要载体，过去三十年，因为粮食安全责任压力和工业化城镇化进程不断推进，过度耕作、化肥农药的滥用等因素导致耕地生态系统面临严峻的挑战，土壤退化、土壤污染、生物多样性丧失等问题日益凸显，这不仅威胁到农产品的安全，也制约了经济的持续健康发展。经济高质量发展的重要方面就是要实现绿色可持续发展，生态文明建设、"两山理念"都是经济高质量发展导向下的重要实践，通过政策引导，鼓励农民采取轮作休耕、种植绿肥作物等方式，恢复和提升耕地的自然肥力是有效的耕地生态保护措施，但补贴或补偿的标准、方式、范围、内容等仍有较多需要进一步探究的，且耕地保护制度与现有的农业补贴政策内容的关联与区别也需要进一步厘清，耕地保护补偿制度亟待进一步探索制定。

三、相关研究与实践发展述评

国内外国土空间用途管制下农地保护补偿相关研究特点与趋势可归纳为以下3点。

（1）农地保护补偿的研究从理论化向现实性转变，相关的研究越来越关注补偿实施的可行性。基于外部性理论将农地价值商品化的相关研究已经逐步认识到补偿外部性在实践上的不足，外部性理论能为农地保护补偿提供一定的理论依据与理解上的帮助，但是离形成具有可操作性的政策工具还有一定距离，压力主要源于可持续的资金保障问题，但随着部分国家基于财政转移支付上的政策实践，已有实证研究表明，基于财政税收的再分配效应，通过合理的制度设计并不会增加额外的财政预算（Ruggiero al.，2022），至少在财政预算比例上不会增加（Busch al.，2020）。同时随着补偿对象从受益者、保护者，具体到中央政府、地方政府、农民等，研究的重心已经从理论化向现实性转变（Erik et al.，2010；de Paulo et al.，2021）。虽然农地保护补偿标准研究，不管是基于农户还是地方政府都已经有诸多成果了（Cao et al.，2018；Wang et al.，2020），但从国内外目前出现的包含农地在内的生态敏感区保护补偿实践区的补偿标准看，政策决策层往往不会采取实证研究中的诸多补偿核算标准，而是倾向于在财政预算约束下，根据简单直观的指标，制定一个被各相关利益方均能接受的资金分配方案（Ring，2008）。将农地保护补偿研究纳入到主流经济学框架中，将目标聚焦于最优补偿金额的相关研究，由于前提条件过于理想化，在现实世界中往往难以操作。而侧重于保护补偿制度设计的相关研究，更关注制度安排中的政策效应，这类研究聚焦于如何通过机制设计将农地保护政策融入现有制度框架下，通过改变和引导相关主体的行为模式，更好地实现制度融合（Perrin et al.，2018；Droste et al.，2018）。国内农地保护补偿仍有大量研究围绕补偿金额测算开展，但也有一些关注制度设计和政策韧性的探索性研究（曹瑞芬等，2019；Wuepper et al.，2022），更多地考虑制度分析是农地保护补偿研究的重要趋势。

（2）农地保护补偿从单一的、市场机制、微观个体的补偿研究向政府主导、多主体、系统性纵横结合补偿机制构建转换。回顾国内外学者的相关研究，以单一的行政手段，容易引发不同利益相关者之间的冲突，削弱农地保护效果（Zhong et al.，2018）；而完全由市场主导的农地保护补偿则难以运行，因为需要满足有明确界定的产权、极少的交易费用、完善的法律制度、自愿性交易等前提条件的科斯式生态补偿（Coasean PES）很难实现。建立生态补偿机制过程中，区分界定收益和供给群体、建立相关利益者的信任机制、监督合同的实施等诸多机制运行的环节都会产生成本费用，而当交易费用过高时，生态补偿应该由政府来主持（Vatn，2010）。事实上现实世界中多采取政府主导或政府引导的手段来实现农地保护补偿，有研究也指出通过转移支付实现保护的离不开政府作用，EFT可以激发地方政府保护农地的积极性，并为缓解政府间逐底竞争发挥协调作用（Cao et al.，2021）。相关研究在构建的农地保护补偿机制探索中，已从早期研究微观主体补偿金额的测算转为跨区域财政转移政策探索（Cao et al.，2020）。但在相同成本下地方公共品最好由辖区供给，因为它们更可能反映地方偏好，只有在辖区间外部性大于辖区范围时，中央供给才更有效率。纵向转移支付与横向转移支付有机结合是更好的方案，且横向财政转移制度应当更加侧重保证具有辖区外溢性公共产品的供给（Chau et al.，2011），EFT只是广泛的农地保护政策工具中的一种，单一的政策工具不能解决所有问题，组合政策可能产生更好的效果（Busch et al.，2021）。另外综合性的补偿方案涉及尺度的选择和统一问题，现在已经有相关研究关注到这个问题（刘晋宏等，2019；Zhou et al.，2021）。目前关于多主体系统性农地保护补偿机制构建的研究在理论层面探讨较多，实证分析还处于发展阶段，但在现实需求导向下，是未来研究的重要趋势。

（3）农地保护从刚性的政策约束向政策的约束激励相容转换，也因各地出现的多种农地保护经济补偿实践，政策的研究从政策参与度、满意度的研究，开始转向关注具体政策实施对象的决策变化和制度安排的研究。虽然有学者认为补偿政策在效果、效率和公平之间存在三难问题（Mayrand et al.，2004），且环境保护、粮食安全、景观供给等交织的多重农地保护目标也对农地保护是一种挑战（Azadi，2020；Perrin et al.，2020）。但政策效果评价往往是优化制度，进行政策创新的基础，地方政府对补偿政策的策略反应是选择那些容易"看得见"的环境领域，如面积的保持（Ruggiero et al.，2022）、减贫效果（Le et al.，2020）、效率的改善（Wan et al.，2022）、区域差距的变化（Wang et al.，2020；Cao et al.，2020）和土地利用受限区农民的公平问题（Perrin et al.，2022）等，但这种"看得见"的效果持续性却可能受到"以邻为壑"效应的影响（Sauquet et al.，2014）或在不同研究区出现相悖的研究结论。有研究指出只有当补偿政策使保护活动从负收益变为正收益且对整个区域产生正外部性时补偿政策才是双赢政策（Pagiola，2008），但这种研究需基于可观察到的生态服务供给的，而现实中大多数补偿项目的结果难以有效或明确的获取，所以保护补偿政策评估的重点应放在观察保护者是否在补偿政策影响下改变了传统的生产方式或行为方式等决策行为（Wunder，2007），在此思路下诸多研究也将补偿对象（地方政府）对政策的反应或偏好作为政策评估中的研究重点（Droste et al.，2018；Ruggiero et al.，2019；Yang et al.，2021）。还有不同政策工具的绩效比较及替代关系研究（Chen Z et al.，2021；Song et al.，2022），以及探索在预算约束内通过资金分配实现更好的政策效果（Busch et al.，2018）。

第三章

农地保护补偿的理论分析框架与数据来源

一、农地保护补偿的基础

中国的经济从高速增长阶段转向高质量发展阶段,国土空间用途管制下的农地保护机会成本不断增加,土地发展区和受限区的区域发展差距不断扩大,根据文献回顾,本研究认为土地非均衡发展过程中因国土空间用途管制引发的土地发展受限区的"特别牺牲"是农地保护补偿的基础(见图 3-1)。

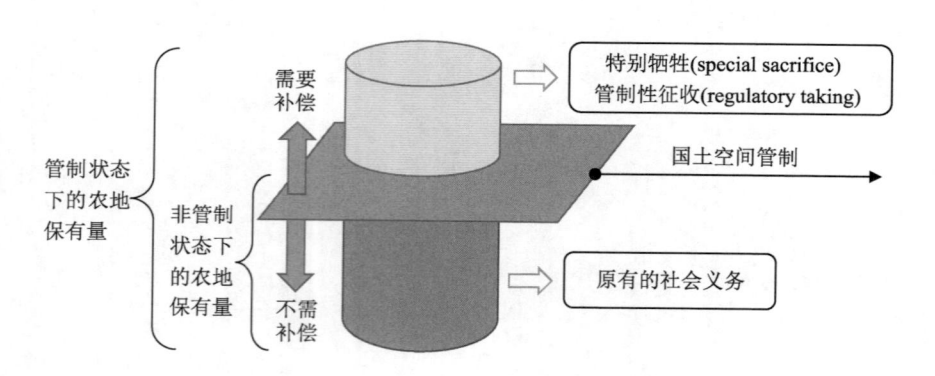

图 3-1 国土空间管制下农地保护受限区的社会义务与特别牺牲

二、农地保护补偿的理论分析框架

研究首先在文献研究和梳理基础上,构建一个"不均衡发展-权责错配-福利损失"的理论分析框架(见图 3-2)统领整个研究,管制

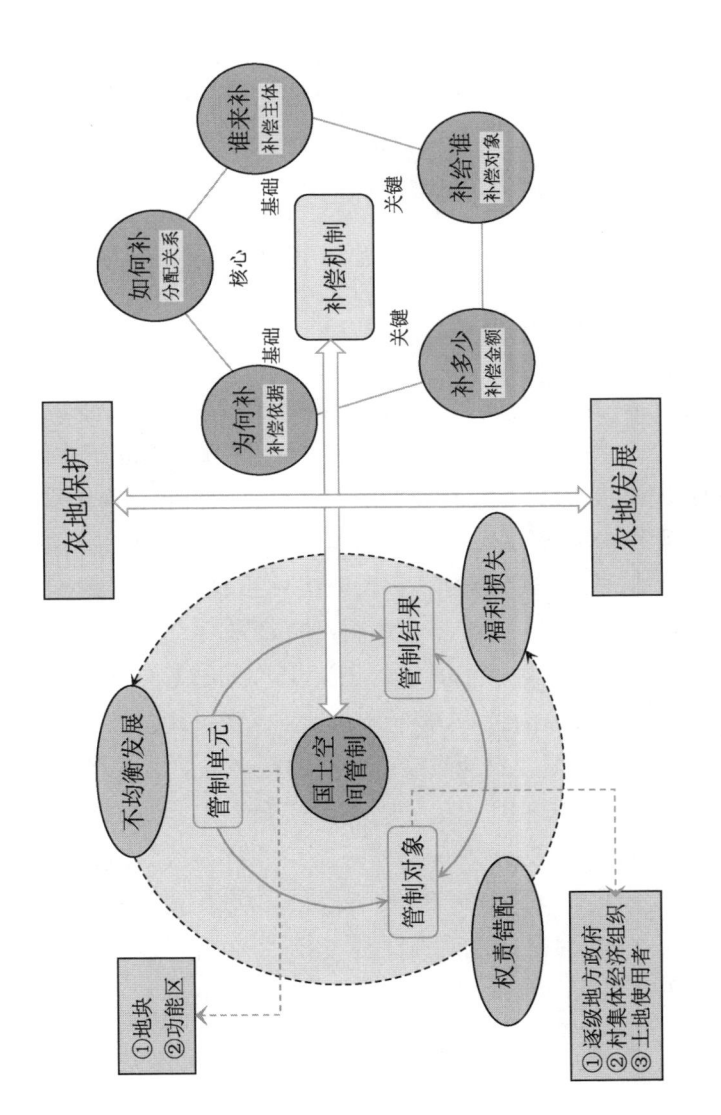

图 3-2 农地保护补偿的理论分析框架

单元和管制对象涉及地块、功能区、乡镇、区县、省市等多个尺度，在国土空间用途管制下，管制单元的农地保护与发展的非均衡，会导致财政预算单元的财权事权空间错配，这种空间错配必然会造成财政预算单元的主体，也即地方政府的财政困境或改善，进而影响管制单元主体，也即个体的福利损失或改进。在这种理论分析框架和研究逻辑下，从可测度的土地发展非均衡性、个人福利损失等出发，通过解决农地保护补偿机制中相关利益主体的补偿分配关系，探索区域相对均衡发展和微观主体福利改进的农地保护发展均衡机制设计和农地保护财政转移制度设计。

三、实证研究框架及内容

首先从用地结构变化衡量国土空间用途管制下土地发展的非均衡性，并通过非均衡性的分解识别出由国土空间用途管制引起的非均衡，这是区域福利受损的测度，也是构建跨区域农地补偿机制提高区域福利的基础。其次运用非市场价值法（选择实验）测算农地保护空间外溢效应，这是改善个人福利的定量测算。最后运用数据包络分析（DEA-Malmquist）对长三角地区农地补偿机制进行绩效评估，基于此探讨多尺度（见图3-3）下管制单元的不均衡发展与管制对象的财事权错配的互馈作用：根据研究的逻辑分析框架，一方面是理论上，从管制单元尺度（地块尺度）测度农地发展与保护的机会与潜力的非均衡度，并自下而上加总分析，转换到相应的财政预算单元尺度（市尺度-省尺度，对应地方政府）上；另一方面是实际政策安排，从财政预算单元尺度（市尺度-省尺度，对应地方政府）分析地方政府的政策创新对降低财政预算单元财事权错配的作用机制，并研究如何将地方政府的政策创新与管制单元尺度（地块尺度，对应土地使用主体）上农地保护与发展的均衡机制设计结合起来。

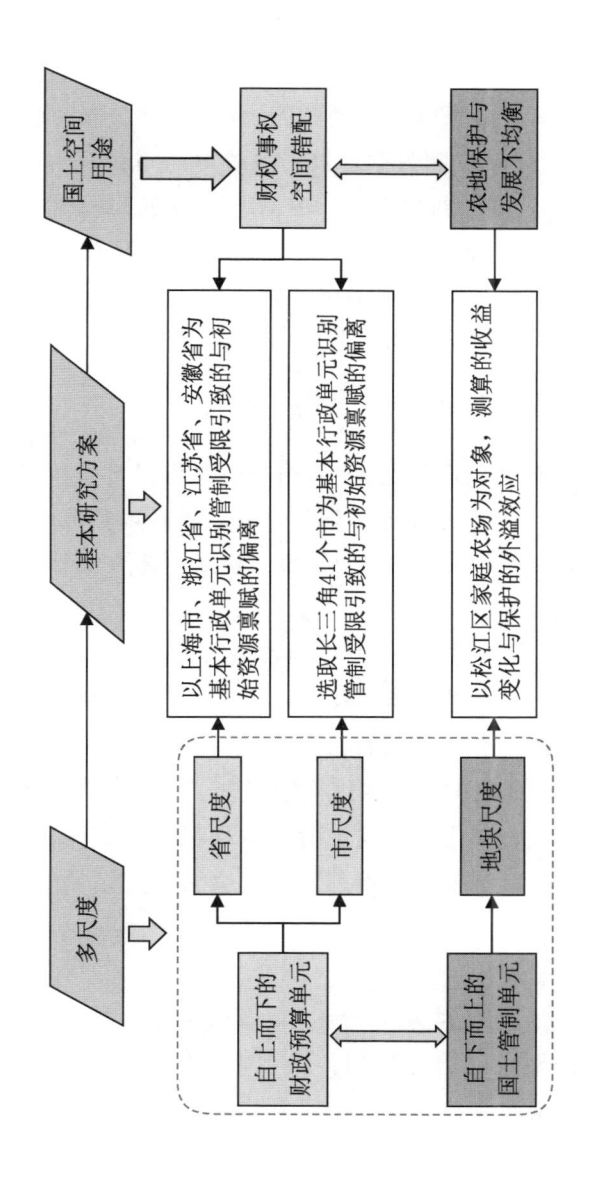

图 3-3 多尺度研究范围选取与方案设计思路

四、数据来源与基础处理

（一）行政区划（矢量数据）来源与处理

本文的行政区划源数据来源于天地图的行政边界数据，获得的行政边界数据在 ArcGIS 中转成面数据，根据民政部网站在 2019 年 7 月发布的截至 2019 年 5 月份全国行政区域数据进行标注。最终数据有省（自治区、直辖市、特别行政区）、地级市（地区、自治州、盟）、县（市辖区、县级市、自治县、旗、自治旗、林区、特区）三个行政级别属性字段。

（二）LUCC 数据（栅格数据）来源与处理

栅格数据主要用于"基于区域福利提升的农地保护补偿机制探索"（第四章）的实证分析，数据来源于中国科学院资源环境数据中心，数据处理用到 ArcGIS10.3 及 Matlab2018b 两个软件，具体如下。

1. 数据底图的统一

1990—2020 年共七期的土地利用分类数据（LUCC）来源于中国科学院资源环境数据中心，虽数据源相同，但每期在采样和数据处理上仍存在边界上的差异。本研究采取的方法是取多期数据与行政区划底图的重叠部分作为研究范围，虽然这样做损失了一些边界边缘信息，但由于本研究是以耕地非农化作为研究标的，而耕地非农化行为在城乡交错区发生概率更高，所以这种处理方法不会对研究结果产生实质影响。

2. 数据运算策略

本研究获取的 LUCC 数据为 30 m×30 m 的栅格数据，栅格数据则无法直接获取不同地类的土地利用转换数据，但可以做代数运算，所以本文的处理方法是通过技巧性赋值来解决这个问题。本文土地利用是分为八类：耕地、林地、草地、水域、未利用地、城镇用地、农村居民点、其他建设用地，故在栅格属性赋值的时候对这八个地类分别按 2^n（$n=0\sim7$）赋值，所以耕地、林地、草地、水域、未利用地、城镇用地、农村居民点、其他建设用地的栅格属性值分别为 1、2、4、

8、16、32、64、128，这样在 ArcGIS 中，使用空间分析（Spatial Analyst）下的栅格运算（Raster Calculator）作减法即可得到耕地转为建设用地的（耕地非农化）的量。例如使用 2000 年的栅格数据减去 1990 年的栅格数据，计算结果中的每一个非零数值都代表一种地类转换值（运算值与地类转化关系如下表所示）。

表 3-1　　　　　栅格运算结果与各地类转换的对应关系

	耕地	林地	草地	水域	城镇用地	农村居民点	其他建设用地	未利用地
耕地	0	−1	−3	−7	−15	−31	−63	−127
林地	1	0	−2	−6	−14	−30	−62	−126
草地	3	2	0	−4	−12	−28	−60	−124
水域	7	6	4	0	−8	−24	−56	−120
城镇用地	15	14	12	8	0	−16	−48	−112
农村居民点	31	30	28	24	16	0	−32	−96
其他建设用地	63	62	60	56	48	32	0	−64
未利用地	127	126	124	120	112	96	64	0

3. 运算结果的处理

各尺度耕地非农化数据计算统计后，利用 matlab 软件计算省级、市级及县级耕地非农化的泰尔指数，并进行分解。

（三）农户数据（调查数据）来源与处理

本数据用于"基于个人福利提升的农地保护补偿机制探索"（第五章）研究内容，所用数据来源于 2022 年 8—9 月在上海市松江区开展的农户实地调研问卷（见附录I），调研共计在 9 个镇发放 622 份问卷，最终回收有效问卷 526 份，研究区域与各个镇发放及有效样本分布的具体情况见图 3-4（其中，分子为有效样本量，分母为问卷发放量）。

选择上海市松江区作为问卷调研区域，一方面因为上海市自 2009 年就建立了耕地补偿机制，纵向财政转移支付政策覆盖到上海市松江区，同时松江区基本农田有一部分分布在黄浦江水源保护地（如

图 3-4　调研样本区域分布及样本量分布图

图 3-5 所示），国土空间管制下耕地保护强度在浦南浦北[①]存在显著差异，松江区内建立了浦南浦北跨区域财政转移支付机制，所以松江区是财政转移支付制度创新的典型区域，以此作为研究区域具有典型性和代表性。根据研究设计及实证分析情况，研究认为基于松江区的问卷调查数据能够支撑长三角地区农地保护补偿机制构建中的财政转移支付政策创新研究。

为保证问卷设计和数据的准确性，调查分为两个阶段进行：

第一阶段为访谈和试调研阶段。本研究于 2022 年 8 月 9 日在松江区选取了 2 个家庭农场进行"深度访谈＋调查问卷"的形式进行预调研，了解松江区耕地保护补偿有哪些内容构成，市级补贴和区级补贴分别有哪些，补偿金额在什么水平，在预调研后对问卷中存在语义模糊和信息不当的内容进行了修改和优化，为完善调查问卷提供帮助。

---

①　浦南是以农业发展为主的地区，包含松江区的叶榭镇、泖港镇、新浜镇和石湖荡镇。其他以城镇发展为主的地区为浦北。

注：图片来源于《黄浦江上游饮用水水源保护区划（2022版）》

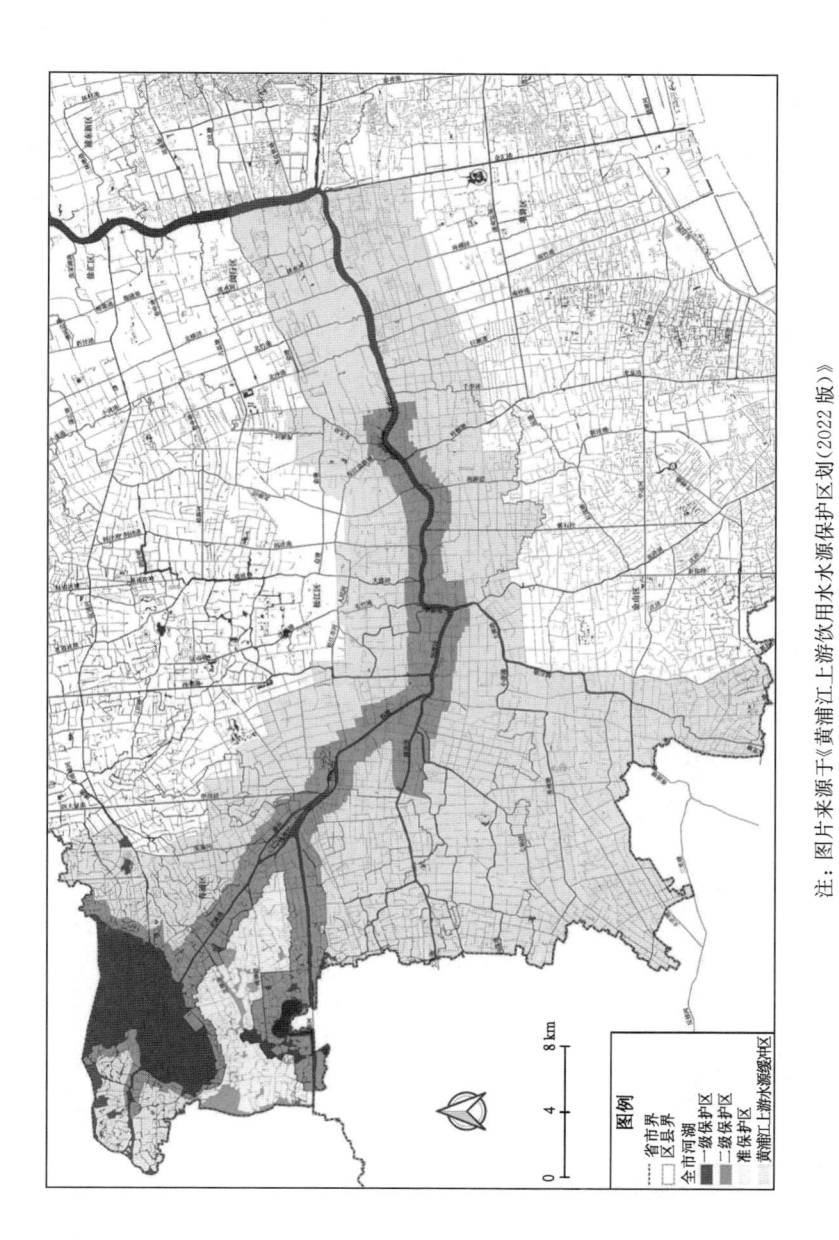

图 3-5 黄浦江上游饮用水水源保护区划（2022版）示意图

第二阶段为实地调查阶段。在正式调研前为提高调查成果的可靠性，对调研员进行了培训和读卷，特别针对选择实验的理解和问询方式进行讲解。研究选取了松江区家庭农场主作为农户调研问卷的调查对象，针对松江区 900 户左右的家庭农场主，按照 $n = Z^2 * S^2/d^2$ 的抽样调查样本量计算公式，在 95% 置信区间和 5% 的容差水平下，最小问卷数量为 384 份。研究的调查问卷覆盖松江区 9 个涉农街镇 43 个村，共发放问卷 622 份，由于问卷采取实地发放访谈的方式，部分受访者在问答过程中由于认知不足或态度转变而拒绝继续完成问卷或消极应答，造成无效问卷，最终有效问卷 526 份，问卷有效率 84.6%，符合抽样调查的最小样本量要求。

最后，进行不同管制功能区的空间异质性分析。根据黄浦江上游饮用水水源保护区划范围，叠加松江区行政区划图，得到黄浦江水源保护区覆盖的行政村（如表 3-2 所示）。结合问卷村镇信息，对受访者进行空间位置的区分。根据叠加分析统计，处于黄浦江水源保护区内的受访者有 159 个，其土地利用的管制程度较水源保护区外的 367 位受访者更强。

表 3-2　　　　　　　　松江区黄浦江二级水源保护区覆盖行政村

镇名	村名	数量
小昆山镇	泾德村、陆家埭村、周家浜村、汤村村	4
石湖荡镇	新源村、金汇村、新中村、张庄村、泖新村、洙桥村、新姚村、金胜村、东夏村	9
泖港镇	黄桥村、朱定村、范家村、南三村、田黄村、焦家村、泖港村、兴旺村、新建村、曙光村	10
车墩镇	米市渡村、打铁桥村、永福村、长溇村、得胜村、联庄村	6
叶榭镇	四村村、徐姚村、堰泾村、团结村、东勤村	5
	合计	40

注：此表根据空间叠加分析结果，由作者整理制表。

（四）区域数据（统计数据）来源与处理

本数据用于"长三角地区农地补偿机制的绩效评估"研究内容，

所用数据来源于相关年份《中国统计年鉴》《中国农村统计年鉴》《上海统计年鉴》《浙江统计年鉴》《江苏统计年鉴》《安徽统计年鉴》《上海农村统计年鉴》《江苏农村统计年鉴》《浙江财政年鉴》等全国及区域的相关年鉴。具体指标及来源见表3-3。

表3-3　　　　　　　　统计数据指标及来源情况

指标类型	指标名称		数据来源
投入指标	农林水事务支出	省市级	《中国统计年鉴》
		地市级	《中国农村统计年鉴》《浙江财政年鉴》
产出指标	耕地面积	省市级	《中国统计年鉴》
		地市级	《中国城市统计年鉴》
	农作物总播种面积	省市级	《中国统计年鉴》
		地市级	《浙江统计年鉴》《安徽统计年鉴》《江苏农村统计年鉴》
	化肥施用量	省市级	《中国统计年鉴》
		地市级	《浙江统计年鉴》《安徽统计年鉴》《江苏农村统计年鉴》
	农药使用量	省市级	《中国统计年鉴》
		地市级	《浙江统计年鉴》《安徽统计年鉴》《江苏农村统计年鉴》
	农村居民人均可支配收入	省市级	《中国统计年鉴》
		地市级	《浙江统计年鉴》《安徽统计年鉴》《江苏农村统计年鉴》

第四章

基于区域福利提升的农地保护补偿机制探索

一、长三角地区农地保护与利用现状

(一)长三角地区农地利用变化情况

1. 耕地总量情况

长三角三省一市是中国经济最发达、人口最密集、城市化水平最高的地区之一,经济发展水平在全国范围内处于领先地位。其中,上海作为国际大都市,金融业、服务业等高端产业发达;江苏、浙江则是制造业的重要基地,拥有众多的世界级企业;安徽相较之下农业占比更高,近年来也在积极转型升级。这些地区的经济发展和城市扩张都离不开消耗农用地为代价,在经济快速发展下,农用地保护的压力也更大。

基于中科院的 LUCC 数据分析(见图 4-1),1990 年长三角地区耕地占全国耕地的比例为 10.46%,但这一数值在近三十年间逐年下降,至 2020 年长三角地区的耕地占全国耕地的比例降至 9.20%,说明长三角地区耕地减少速度快于全国整体水平,这与长三角经济社会发展情况相匹配。

具体看长三角地区的耕地利用情况(见表 4-1),从三省一市耕地结构看,安徽省和江苏省耕地占区域耕地总量的八成,浙江省和上海市耕地占区域耕地总量的二成。从结构的变化趋势看:三省一市中仅安徽省的耕地占比是逐年上升的,从初期 1990 年占比 43.21% 到末期 2020 年占比 46.31%,占比增加超过 3%;上海市、江苏省和浙江省的耕地占比均是逐年下降的,其中浙江省占比下降 1.62 个百分点,江

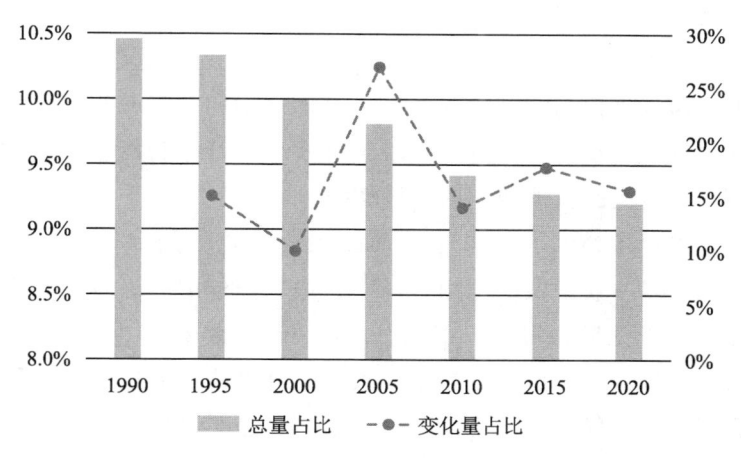

图 4-1 长三角三省一市多期耕地利用及变化情况

苏省下降 0.85 个百分点，上海下降 0.64 个百分点。这种变化与国家经济发展规划和耕地用途管制区域的划定有一定关系，更重要的是与经济发展过程中农业与非农产业的比较利益、区域耕地用途管制强度有密切关系。

表 4-1　　　　　　　　长三角三省一市多期耕地利用情况

单位：万公顷

年份	上海市 总量	上海市 占比（%）	江苏省 总量	江苏省 占比（%）	浙江省 总量	浙江省 占比（%）	安徽省 总量	安徽省 占比（%）
1990	50.20	2.63	728.43	38.22	303.70	15.93	823.63	43.21
1995	46.77	2.51	710.60	38.14	286.51	15.38	819.48	43.98
2000	45.98	2.49	703.47	38.05	285.90	15.46	813.61	44.00
2005	42.80	2.36	691.63	38.21	265.93	14.69	809.93	44.74
2010	38.08	2.19	644.67	37.09	259.79	14.95	795.72	45.78
2015	36.33	2.13	637.10	37.29	251.95	14.75	783.26	45.84
2020	33.61	1.99	629.76	37.37	241.38	14.32	780.46	46.31

2. 耕地变化情况

根据长三角三省一市耕地近三十年的变化情况，以 5 年为分段间隔，可将耕地利用变化情况分为三个阶段：

第一阶段（1990—1995）：这个阶段，我国处于城市化发展初期，独立的土地管理机构刚刚建立，土地管理利用的政策法规规划编制均不完善，处于起步阶段，所以在缺乏有效计划管控和需求旺盛的双重背景下，该阶段的耕地变化率是较高的。

第二阶段（1995—2010）：这个阶段比较重要的政策是我国1996年出台的《基本农田保护条例》，耕地保护上升到国家战略层面并有立法保障，所以该阶段初期（1995—2000年），耕地变化率快速下降；但随着我国进入快速城市化阶段，长三角地区作为我国经济和城市化发展先行地区，城市建成区迅速扩张，耕地变化率逐年攀升。加之1994年分税制改革的影响，地方政府利用耕地非农化进行城市建设的内驱动力巨大，土地财政大大促进了耕地变化率的上涨，这种外部政策环境对耕地的影响具体体现在2000—2005年和2005—2010年两个时期的耕地变化率。

第三阶段（2010—2020）：随着国家加大农业补贴力度，农民耕地农用的积极性提高，虽然我国从粮食安全角度出发，逐步形成了最严格的耕地保护制度的框架体系，但由于政策框架中管制政策与经济激励政策同时作用，耕地变化率相较于第二阶段，仍逐步趋缓。从图4-2可以看出，2015—2020年的耕地变化率出现一定程度翘尾，这说明随着经济的发展，耕地保护的机会成本增加会导致原有的经济激励水

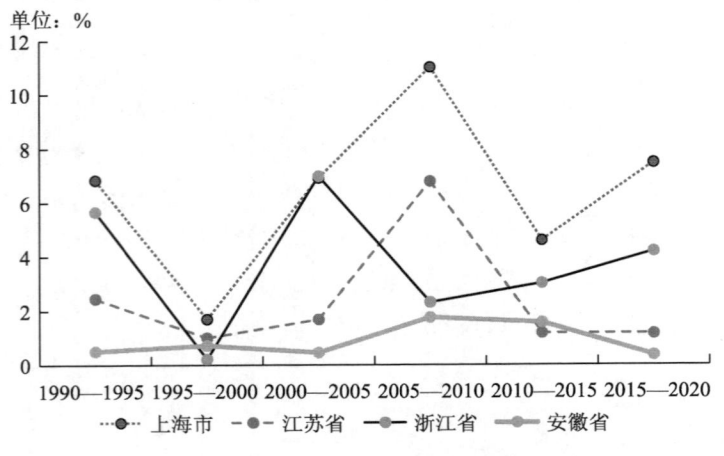

图4-2　长三角三省一市多期耕地利用变化情况

平不足以维持原有的耕地变化率水平。

从长三角地区近三十年耕地多期变化情况看，三省一市的耕地变化趋势与耕地管理政策的三个阶段整体上是一致的（图 4-2）。但是具体分省看，可以发现横向比较耕地变化率，整体上是"上海市＞浙江省＞江苏省＞安徽省"，近三十年的年均耕地变化率分别为 1.10%、0.68%、0.45% 和 0.17%，各省市变化率的浮动与耕地保有量大致呈反比，说明耕地总量越少的地区，耕地保护的机会成本越大，耕地保护压力也越大，越需要用好经济激励手段保障耕地保护过程中相关主体的福利状况。

（二）长三角地区历年耕地非农化情况

耕地减少的来源主要有农业结构调整、农村建设用地占用（宅基地、集体公共设施用地等）和国有建设用地占用三大类。其中，国有建设用地占用是近三十年我国快速城镇化过程中耕地减少的最主要因素，也是耕地保护补偿中关注最多的。主要原因是，在土地用途管制下，非管制区耕地转为国有建设用地过程，土地价值发生了巨大增值，而被管制区域确因失去土地发展权，土地价值受到限制，管制区和非管制区的相关主体在区域土地增值收益分配中失衡。所以，本研究中的耕地非农化主要指耕地转为国有建设用地的情况，集体建设用地占用耕地和农业结构调整不在讨论范围。

长三角地区近三十年耕地转为国有建设用地情况如表 4-2 所示。从转化总量看，在没有耕地保护管制制度的第一个时期（1990—1995），长三角三省一市耕地非农化总量 31.13 万公顷，占六个时期总量的 10.52%；在管制制度建设初期（1995—2000），城市化进程刚起步，耕地非农化得到明显控制，该时期三省一市耕地非农化总量 16.78 万公顷，占六个时期总量的 5.67%；随着城镇化快速发展，2000—2005、2005—2010 及 2010—2015 三个时期的耕地非农化需求日渐旺盛，虽然有耕地保护政策，但耕地非农化数量分别为 36.31 万公顷、73.96 万公顷和 86.46 万公顷，分别占六个时期总量的 12.27%、24.99% 和 29.22%；随着耕地保护的管制政策配套建立起经济补偿制度后，耕地非农化的趋势得到了显著遏制，2015—2020 的耕地非农化数量为 51.27 万公顷，占比 17.33%。从三省一市近三十年耕地非农化的纵向趋势看，与耕地保护的三个阶段基本匹配，只是结合耕地非农化的数量和占比情况看，在耕地保护补偿制度建设的探索期，政策效果在面积保护上尚不显著，在全域开展补偿后，政策效果得以显现。

表 4-2　　　　　　　长三角三省一市多期耕地非农化情况

单位：万公顷

年份	上海市 总量	上海市 占比（%）	江苏省 总量	江苏省 占比（%）	浙江省 总量	浙江省 占比（%）	安徽省 总量	安徽省 占比（%）
1990—1995	3.31	10.62	16.78	53.92	5.64	18.11	5.40	17.35
1995—2000	0.85	5.06	6.34	37.79	3.57	21.29	6.02	35.86
2000—2005	3.89	10.71	9.77	26.90	19.37	53.36	3.28	9.03
2005—2010	4.85	6.56	46.43	62.78	7.89	10.67	14.79	20.00
2010—2015	6.45	7.46	28.32	32.75	20.18	23.34	31.51	36.45
2015—2020	4.40	8.58	17.97	35.05	10.93	21.32	17.97	35.05
合计	23.74	8.02	125.61	42.45	67.58	22.84	78.97	26.69

从转化结构看，上海市和浙江省的耕地非农化需求在 2000—2005 年达到高峰，耕地保护和城镇化建设的用地矛盾激化较早；江苏省的耕地非农化需求在 2005—2010 年达到高峰，用地矛盾激化较晚；安徽省的经济发展城镇化水平较江浙沪仍有一定差距，区域发展的重点仍在发展经济和产业，耕地保护的压力较江浙沪较小。

长三角地区多期的耕地非农化变化情况趋势也在一定程度上反映了耕地保护补偿制度的需求迫切程度，上海市是最早建立全域耕地保护生态补偿制度的地区（2009 年），随后是浙江省在试点探索后建立起全域耕地保护生态补偿制度（2009—2016 年），江苏省则是先有苏州市（2010 年）和常州市（2013 年）自行实施后，2016 年在全省建立起制度后，省辖各市才陆续出台政策文件，安徽在 2016 年出台省级文件后，在财政资金和地市落实上力度均相对弱。长三角地区耕地保护生态补偿制度建设的具体情况见下一小节。

（三）长三角地区耕地保护补偿制度建设情况

2008 年，党的十七届三中全会明确提出"划定永久基本农田、建立耕地保护补偿机制"的政策方向，党的十八届三中全会再次强调"坚持和完善最严格的耕地保护制度""实行资源有偿使用和生态补偿制度"。各省进行了积极的政策实践探索，具体来说：

上海市于 2009 年发布实施《关于上海市建立健全生态补偿机制的若干意见》和《生态补偿转移支付办法》两个文件，上海市的生态补偿机制工作的补偿对象覆盖基本农田、公益林、水源地。《关于上海市建立健全生态补偿机制的若干意见》包括公共财政投入、扶持产业发展、市场运作和相关制度保障 4 个方面内容，明确了生态补偿"政府为主、市场为辅"的基本原则，提出了"综合运用行政、法律、市场等手段，建立相应的生态补偿机制，调整相关各方的利益关系，促进生态保护地区健康、协调、可持续发展"的目标。上海市财政局、市发改委、市环保局等部门联合制定的《生态补偿转移支付办法》，注重体现区县贡献和政策导向，注重发挥主管部门作用和转移支付整体效用，内容包括转移支付分配因素、资金使用和管理 3 个方面。可以看出，上海由于地域范围小，财力较强，在政策设计之初就实现了全市统一推进，且政策制定时间较早。

浙江省于 2009 年开始探索建立耕地保护补偿机制，并于 2012 年启动省级试点。省财政厅积极支持试点工作，以加强耕地保护为目标，保障粮食安全为导向，突出重点为原则，制定了试点补助政策。2014 年，试点范围由 9 个县（市、区）扩大到 17 个县（市、区）。2016 年，在总结多年试点实践经验的基础上，多部门联合下发了《关于全面建立耕地保护补偿机制的通知》，明确从 2016 年起在全省建立耕地保护补偿机制，按照"谁保护，谁受益"的要求，对耕地保护进行经济补偿。可以看出，浙江的制度设计是以点带面，自上而下逐步开展耕地保护补偿，考虑到耕地保护补偿工作的复杂性、涉及面广、公益性较强等特点，浙江省的试点是选取一个乡镇或一个村进行。根据公开资料，第一批试点有海宁市、慈溪市、乐清市、临海市、平湖市等，第二批增加了瑞安市、景宁县、松阳县等。其中，嘉兴市在 2012 年实施全市覆盖的耕地保护补偿，其余市则是在 2016 年浙江省全面建立耕地生态补偿机制后才实现全覆盖。

江苏省是我国十三个粮食主产区之一，其耕地生态保护相较于浙江省和上海市而言，在保障我国粮食安全的国家战略上具有更重要作用，故而其耕地生态保护补偿中更多强调地方政府的保护责任及激励。2013年发布《江苏省生态补偿转移支付暂行办法的通知》（苏政办发〔2013〕193号）后，受限于各市财政压力的约束，落实的市并不多；2016年发布《江苏省耕地保护补偿激励暂行办法》（苏国土资发〔2016〕336号），建立了"责任＋激励、行政＋市场"耕地保护机制，以财政资金为保障以调动各地保护耕地的主动性和积极性，在全省范围内对耕地生态保护工作实现经济激励。随后大部分城市对此进行响应，但响应时间和资金投入受地方财力和耕地面积差异的影响存在一定差异（见表4-3）。根据公开资料显示，各市（南通市除外）均出发布了配套的耕地保护补偿激励政策，部分市以传达省级文件精神为主，没有市级财政配套，有的则配套了市级财政资金作为额外激励，另外江苏省的耕地生态保护政策的补偿激励的对象以地方政府为，对个人的激励和补偿较少。

表4-3　　　　　　　江苏省各市实施耕地保护补偿政策情况

市	发布文件	最早时间
南京市	南京市生态保护补偿办法	2016
无锡市	无锡市生态补偿条例	2019
徐州市	徐州市耕地保护补偿激励暂行办法	2018
常州市	生态补偿转移支付资金管理办法；关于建立农业生态补偿机制的意见（试行）	2013
苏州市	关于建立生态补偿机制的意见（试行）；苏州市生态补偿条例	2010
南通市	/	2016
连云港市	连云港市耕地保护补偿激励实施办法（暂行）	2018
淮安市	淮安市耕地保护激励实施办法（试行）	2020
盐城市	盐城市耕地保护激励暂行办法	2021
扬州市	扬州市耕地保护补偿激励暂行办法	2017
镇江市	镇江市主体功能区生态补偿资金管理办法（暂行）	2016
泰州市	泰州市市区耕地保护补偿激励暂行办法	2020
宿迁市	宿迁市耕地保护激励实施办法（试行）	2017

注：资料来源于网络公开信息，由本研究作者整理绘制。

安徽省也是我国十三个粮食主产区之一，相较于江浙沪三地，其耕地保护的压力明显小于经济发展的压力，虽然为贯彻落实《国务院办公厅关于健全生态保护补偿机制的意见》（国办发〔2016〕31号）精神，2016年安徽省公布实施《安徽省人民政府办公厅关于健全生态保护补偿机制的实施意见》（皖政办〔2016〕37号），明确了将耕地纳入生态保护补偿制度建设，但文件中较多提及主体责任，对补偿经费落实的关键问题没予以提及保障。所以，安徽省的耕地生态保护补偿政策相较于江浙沪三地不仅起步较晚，且在经济发展需求和省级政府财力限制下，安徽省的实施情况也明显落后于其他三地。

可以看出，长三角三省一市的耕地保护生态补偿制度建设有几个特点：一是跨省或跨市的横向补偿制度缺乏，目前的补偿制度仍受到行政边界的限制，这与财政预算单元有密切关系，跨区域的横向补偿在政策实施上存在财政预算编制的制度障碍；二是补偿制度建设与耕地保护压力有显著关联，耕地保护压力大的地区对补偿制度的需求迫切，反之则无显著需求；三是补偿制度建立和实施受到区域财政水平影响较大，较早建立补偿制度的上海市、嘉兴市、苏州市的经济发展水平在长三角区域均较好，且补偿的对象及覆盖面也更广，较晚建立补偿制度的江苏省大部分市，其补偿对象仅为乡镇政府等耕地保护责任主体，覆盖面较小。

二、基于泰尔指数及其分解的土地发展非均衡性测度

泰尔指数（Theil index）是由泰尔（Theil，1967）利用信息理论中的熵概念来计算收入不平等而得名。在计算区域土地发展非均衡性的表达式为：

$$T = \frac{1}{n} \sum_{i=1}^{n} \frac{y_i}{\bar{y}} \ln\left(\frac{y_i}{\bar{y}}\right)$$

其中 T 为土地发展非均衡程度测度的泰尔指数，y_i 表示第 i 区域的农地非农化量，$\bar{y}$ 表示所有区域的平均农地非农化量。对于分组数据，泰尔指数表达式如下：

$$T = \sum_{k=1}^{K} w_k \ln\left(\frac{w_k}{e_k}\right)$$

其中，w_k 表示第 k 组区域农地非农化量占农地非农化总量的比重，e_k 表示第 k 组农地数量占农地总数量的比重。

泰尔指数作为土地发展非均衡程度的测度指标具备良好的可分解性质，即将样本分为多个群组时，泰尔指数可以分别衡量组内差距与组间差距对总差距的贡献。假设包含 n 个个体样本被分为 K 个群组，每组分别为 g_k，$(k=1,\cdots,K)$。用 y_i 表示区域 i 的农地非农化份额，y_k 表示第 k 组的农地非农化数量占农地非农化总数的比例，记 T_b 与 T_w 分别为组间差距和组内差距，可将泰尔指数分解如下：

$$T = T_b + T_w$$
$$= \sum_{k=1}^{K} y_k \ln\left(\frac{y_k}{n_k/n}\right) + \sum_{k=1}^{K} y_k \left(\sum_{i \in g_k} \frac{y_i}{y_k} \ln \frac{y_i/y_k}{1/n_k}\right)$$

其中：

$$T_k = \sum_{i \in g_k} \frac{y_i}{y_k} \ln \frac{y_i/y_k}{1/n_k}, \ i \in g_k$$

T_k 为第 k 组的组内差距，进一步可以计算第 k 组组内差距的贡献率和组间差距的贡献率：

$$D_k = y_k \cdot \frac{T_k}{T}, \quad k=1,\cdots,K \quad D_b = \frac{T_b}{T}$$

多尺度的分解可以按照此原理进行各层分解，区分出土地发展非均衡性中资源自身禀赋和土地空间管制对其的作用。由于基本农田保护条例于 1996 年出台，故而选取 1990 年作为基期数据，1995、2000 和 2005 年作为有管制无补偿的数据，2010、2015 和 2020 年作为有管制有补偿的数据。

三、实证结果分析

（一）省级尺度实证结果分析

根据测算结果（见表 4-4），长三角地区耕地非农化的总泰尔指数在观测的六个时期内,呈现先快速下降后逐步回升的趋势,总体泰尔指数是下降的,说明从区域整体看,长三角三省一市的耕地保护补偿政策是有积极作用的,在跨区域补偿政策中属于政策受偿区。

表 4-4　长三角地区多期耕地非农化的省级泰尔指数及其分解

年份	省间差异 值	省间差异 贡献度（%）	省内差异 城市间差异 值	省内差异 城市间差异 贡献度（%）	省内差异 城市内差异 值	省内差异 城市内差异 贡献度（%）	总泰尔指数
1990—1995	0.793	35.75%	1.001	45.13%	0.424	16.17%	2.217
1995—2000	0.959	36.58%	1.157	44.11%	0.506	19.31%	2.623
2000—2005	0.563	27.49%	0.733	35.85%	0.750	27.49%	2.046
2005—2010	0.182	20.21%	0.379	42.08%	0.340	37.71%	0.901
2010—2015	0.449	40.36%	0.340	30.51%	0.324	29.13%	1.113
2015—2020	0.975	57.59%	0.358	21.17%	0.360	21.24%	1.694

从泰尔指数的省间差异看：省间差异值整体仅略有上升,从初期（1990—1995）的 0.793 上升至末期（2015—2020）的 0.975,但贡献度却大幅上涨,从初期（1990—1995）的 35.75% 上升至末期（2015—2020）的 57.59%,反映出近三十年,长三角地区耕地非农化的省际非均衡程度在不断加深,说明当前中央到各省的纵向财政转移支付制度在耕地保护补偿中无法实现耕地保护与发展的均衡,需要创新省际间的耕地保护补偿的横向转移支付制度,降低这种非均衡度。

从泰尔指数的省内差异看：城市间的差异在泰尔指数值和贡献度整体均呈现下降趋势,差异值从初期（1990—1995）的 1.001 逐步降至末期（2015—2020）的 0.358,贡献度也从初期（1990—1995）的 45.13% 降至末期（2015—2020）的 21.17%,特别是在省内补偿机制逐步建设后,这种城市间差异的缩小趋势更明显。2010 年前的四个时期,城市间泰尔指数贡献度均在 40% 上下波动,2010 年后城市间泰尔指数贡献度呈现明显下降趋势,这可能与各省执行的耕地生态保护补偿机制建设有密切关系,各省通过奖补激励等方式加大纵向转移支付力度,对降低耕地非农化的城市间非均衡程度起到积极作用。城市内的差异整体呈现先升后降趋势，末期（2015—2020）贡献度 21.24%虽略高于初期（1990—1995）贡献度 16.17%，但显著低于最高时期（2005—2010）的贡献度 37.71%，与城市间差异值类似，2010 年各城市逐步出现耕地生态保护补偿机制和资金投入后，城市内差异的贡献值也出现显著的逐期下降。

另外，从长三角地区各省市内部的泰尔指数变化情况看（见图 4-3）：在观测初期（1990—1995 和 1995—2000），浙江省资源禀赋差异最大，且明显高于另外三个地区，安徽省内资源禀赋差异最小，三省一市内部的耕地非农化不均衡程度在初期没有管制也没有补偿的时候，保持轻微的浮动，非均衡程度的排位及趋势基本一致；在观测中期（2000—2005 和 2005—2010），三省一市内部的耕地非农化不均衡程度的变化趋势出现分化，但不均衡程度的测度值出现趋同，这个阶段是有管制但还未建立补偿机制的时期，说明基于管制的耕地保护缩小了省内各地区耕地非农化的非均衡发展趋势；在观测末期（2010—2015 和 2015—2020），三省一市内部的耕地非农化不均衡程度的变化趋势出现分化，上海市和浙江省的非均衡度有所上升，而江苏省和安徽省的非均衡度呈下降趋势，这个阶段，上海和浙江省率先探索建立耕地生态保护补偿机制，但省内补偿机制建设程度存在一定差异导致出现这种变化趋势。

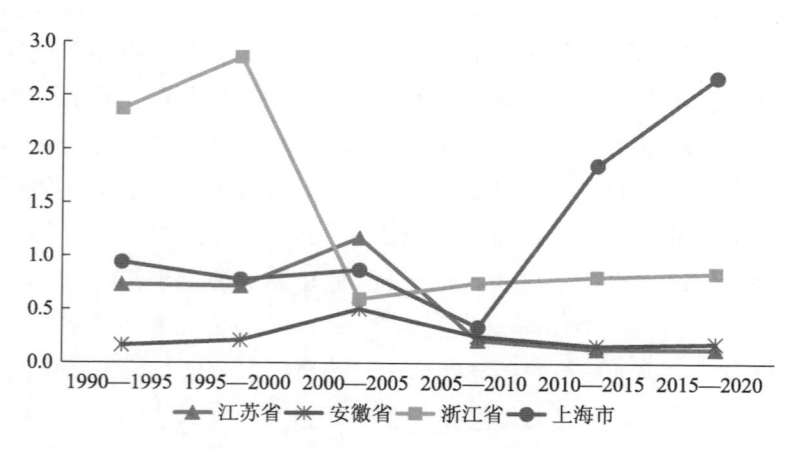

图 4-3　长三角三省一市多期耕地非农化省市内泰尔指数变化情况

从长三角三省一市六个时期首末变化看，江苏省和浙江省耕地非农化的非均衡程度分别下降了 0.599 和 1.528，应加强省内耕地生态保护的跨区域横向补偿机制建设，上海市和安徽省耕地非农化的非均衡程度分别上升了 1.732 和 0.022，应加强省市内耕地生态保护的纵向补偿机制建设。

（二）市级尺度实证结果分析

研究将分析耕地保护非均衡程度的尺度从省级缩小到市级层面，表 4-5 展示了长三角 41 个市级地区六个时期耕地非农化的城市内泰尔指数计算结果。从 41 个市的内部泰尔指数看，六个时期的变化趋势为先升后降，初期（1990—1995）平均泰尔指数为 0.403 2，中期（2000—2005）升至 0.730 3 后，最后三个时期维持在 0.30～0.35 的水平。长三角市级尺度耕地非均衡度由耕地保护政策引发了原始资源禀赋的偏离。

表 4-5　长三角地区多期耕地非农化的市级泰尔指数及其分解

地区		1990—1995	1995—2000	2000—2005	2005—2010	2010—2015	2015—2020
安徽省	合肥市	0.108	0.343	1.111	0.360	0.399	0.449
	淮北市	0.068	0.257	1.339	0.293	0.078	0.088
	亳州市	0.085	0.183	0.187	0.076	0.037	0.050
	宿州市	0.021	0.179	0.208	0.067	0.041	0.065
	蚌埠市	0.123	0.706	0.338	0.435	0.427	0.346
	阜阳市	0.332	0.590	0.854	0.091	0.099	0.154
	淮南市	0.336	0.252	1.003	0.254	0.119	0.064
	滁州市	0.243	0.257	1.164	0.202	0.336	0.418
	六安市	0.474	0.488	0.669	0.080	0.068	0.078
	马鞍山市	0.428	0.821	1.765	0.579	0.406	0.477
	芜湖市	0.519	0.373	0.806	0.622	0.179	0.567
	宣城市	0.465	0.068	0.480	0.156	0.105	0.133
	铜陵市	0.133	0.022	0.418	0.515	0.297	0.356
	池州市	0.030	0.128	0.284	0.183	0.231	0.197
	安庆市	0.179	0.437	1.490	0.280	0.367	0.472
	黄山市	0.119	0.817	0.662	0.647	0.437	0.391

续表

地区		1990—1995	1995—2000	2000—2005	2005—2010	2010—2015	2015—2020
江苏省	南京市	0.869	0.384	1.947	0.424	0.252	0.321
	无锡市	0.330	0.512	0.459	0.238	0.215	0.300
	徐州市	0.409	0.489	0.768	0.532	0.392	0.347
	常州市	0.378	0.811	0.998	0.563	0.283	0.196
	苏州市	0.176	0.146	0.141	0.118	0.153	0.094
	南通市	0.342	0.802	0.999	0.556	0.434	0.573
	连云港市	0.349	0.325	0.681	0.118	0.057	0.072
	淮安市	0.205	0.424	1.442	0.405	0.378	0.328
	盐城市	0.205	0.482	0.211	0.070	0.090	0.123
	扬州市	0.503	0.138	0.908	0.103	0.143	0.168
	镇江市	0.209	0.141	1.195	0.282	0.181	0.103
	泰州市	0.458	0.368	0.400	0.143	0.278	0.255
	宿迁市	0.038	0.131	0.275	0.119	0.053	0.039
上海市	上海市	0.942	0.779	0.870	0.337	1.855	2.674
浙江省	杭州市	1.169	0.941	0.996	0.502	0.588	0.457
	宁波市	0.485	0.442	0.399	0.216	0.582	0.295
	温州市	0.943	0.645	0.533	0.344	0.330	0.410
	嘉兴市	0.083	0.048	0.087	0.026	0.025	0.019
	湖州市	0.141	0.115	0.073	0.104	0.092	0.164
	绍兴市	0.092	0.101	0.116	0.330	0.167	0.198
	金华市	0.260	0.429	0.209	0.212	0.092	0.139
	衢州市	0.167	0.990	0.392	0.339	0.092	0.124
	舟山市	3.082	4.752	2.008	2.689	1.809	1.360
	台州市	0.502	0.309	0.106	0.354	0.232	0.287
	丽水市	0.533	0.615	0.950	0.532	0.097	0.187

从长三角 41 个市近三十年间末期和首期的耕地利用非均衡度的偏离情况看，24 个城市的城市内泰尔指数值下降，17 个城市的泰尔指数值上升。城市内泰尔指数值下降的城市说明该城市偏离了原始资源禀赋在非管制状态下的耕地非农化状态，初始耕地数量不同的地区承担了更为平均的耕地保护责任，这种情况下耕地生态保护政策弱化了初始资源禀赋带来的耕地利用非均衡性，这种弱化的偏离更多是需要增加城市内纵向转移支付水平，来减少耕地保护权责的不对等。

城市内泰尔指数值上升的城市说明该城市虽然也是偏离了原始资源禀赋在非管制状态下的耕地非农化状态，但这种非均衡度的增加是强化了初始资源禀赋带来的耕地利用非均衡性，这种情况下除了现有的纵向转移支付政策外，更加需要增加城市内横向转移支付水平，来减少耕地保护权责的不对等。

研究绘制了长三角 41 个地级以上市近 30 年的耕地利用非均衡度的偏离图（见图 4-4），从分省情况看：浙江省的整体偏离情况较小，

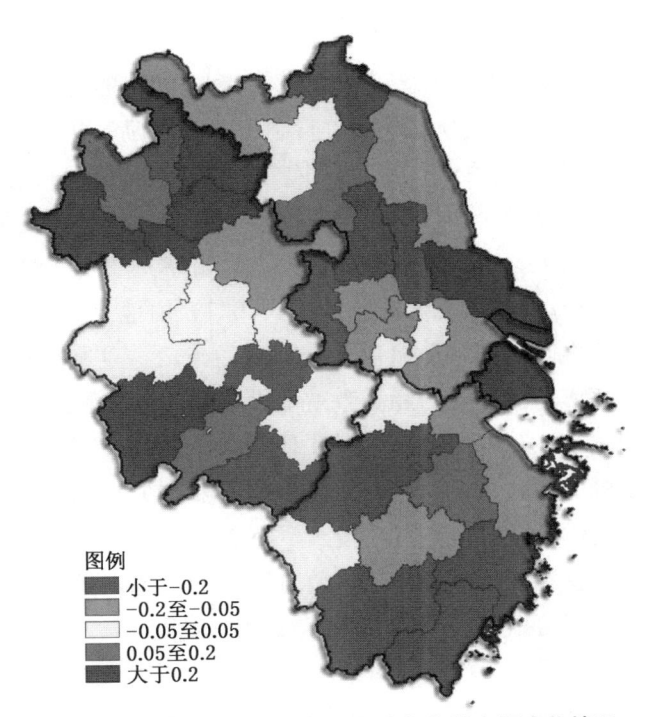

图 4-4　长三角市级耕地非农化泰尔指数多期变化情况

省内末期非均衡度较初期整体下降趋势明显，政策优化可以从加大浙江省内纵向转移支付力度和激励机制方向着手。上海市虽然较早就建立了生态转移支付制度，但耕地利用非均衡度仍出现显著上升，说明一方面要更多强化市内横向转移支付制度的建设，另一方面可以从转移支付条件和金额上考虑优化纵向转移支付的制度建设内容。

四、本章小结

（一）主要结论

在基于权责对等的区域福利提升探索中，本研究基于近30年长三角地区的LUCC数据分析了耕地非农化的变化趋势，结合各省市耕地保护制度建设和长三角地区的二阶段泰尔指数。得出以下结论。

首先，从总体看，三省一市的耕地保护制度建设进度和投入强度表现出较大差异。1996年出台《基本农田条例》后，耕地生态保护制度建设可以分为两个大的阶段，1996—2008年是管制为主的政策阶段，但在城镇化和分税制改革背景下，耕地非农化的外驱力强，保护效果并不稳定。2009至今是采取"管制＋经济激励"相结合的制度建设阶段，2007年，党的十七大报告中首次提出"实行有利于科学发展的财税制度，建立健全资源有偿使用制度和生态环境补偿机制"，耕地保护机会成本较大、人地矛盾较突出的上海市率先实施（2009），随后浙江省（2009—2016）、江苏省（2010—2021）由地市到全省覆盖的陆续建立起耕地生态保护补偿机制，安徽省的建设进度则稍慢于其他几个地区；上海市和浙江省的经济激励手段采取增量财政投入奖补到户，投入强度较大，江苏省的经济激励手段采取增量财政投入奖补主要为到镇村行政机构（苏州市、常州市采取奖补到户），投入强度相对小，安徽省公开文件中没有增量财政投入，经济激励措施不足。

其次，从总泰尔指数看，长三角省际间的耕地保护非均衡程度在不断加深。长三角地区总泰尔指数从2.217降到1.694，同时省间差异的值从0.793升至0.975，对总泰尔指数的贡献度从35.75%升至57.59%，这三个指标在近三十年间的"两升一降"说明省际间的耕地保护非均衡程度在不断加深。中央对省级政府的纵向转移支付在坚守耕地面积不减少上起到了积极作用，但"两升一降"表明当前纵向转移支付制度还不足以实现耕地保护与发展间的均衡，需要加强省级单位的横向跨区域补偿制度建设，但补偿的方向尚不能从总泰尔指数及省间差异中得出。

最后，从二阶段泰尔指数看，不同区域的耕地保护补偿制度建设方向存在差异。从省际层面看，江苏省和浙江省的首末期耕地非农化的非均衡程度是下降的，而上海市和安徽省则是上升的，这反映出四个省级地区对初始耕地资源禀赋的偏离情况出现分化，耕地保护补偿的政策设计重点要以此为依据有针对性的设计。从市级层面看，偏离较小，控制在 0.05 的城市有 9 个；偏离中等，控制在 0.05~0.2 之间的城市有 14 个；偏离大于 0.2 的城市有 18 个。城市层面根据偏离大小和偏离方向也需要进行有针对性的政策设计，从偏离分布看，浙江省和江苏省的城市以减少为主，需要加强市级单位的横向跨区域补偿制度建设，上海市在市级层面的泰尔指数计算中上升较明显，需要加强纵向补偿制度建设，安徽省内城市泰尔指数的偏离出现较大分化，正负向偏移均存在，说明安徽省内城市分化较明显，在政策设计上需要进一步根据数据情况进行分类设计。但是与总泰尔指数变化的结论类似，对于需要加强横向转移支付的省市，尚不能从泰尔指数及分解结果中获取明确的转移方向。

（二）几点建议

根据以上研究结论，提出以下建议：

第一，在耕地生态保护补偿政策下，长三角省市两个层级都出现耕地非农化的非均衡程度偏离于初始耕地资源禀赋的情况，而这种偏离在我国实行纵向财政转移支付制度的情况下，仍不能消除，建议长三角耕地保护制度建设要加强省际间跨区域横向补偿建设。

第二，依据总泰尔指数计算结果分析，建议江苏省和浙江省的耕地保护补偿制度建设应从加强省内跨区域横向补偿机制为主，而上海市及安徽省的耕地保护补偿制度建设应从加强省内纵向补偿机制为主。

第三，依据二阶段泰尔指数计算结果分析，建议浙江省和江苏省内的城市要加强城市内部各区县间的横向转移支付制度；上海市要继续加大纵向转移支付制度建设，虽然上海市较早建立了耕地生态补偿机制，实现了增量的财政投入，但对于耕地保护机会成本而言，纵向补偿量可能仍显不足；安徽省重点是要加强各城市纵向财政转移支付制度建设。

可以看出，在不同的财政预算层级上，耕地保护补偿的财政转移支付制度建设方向各有不同，说明纵横交错的财政转移支付制度创新是有必要的。在省际层面，已有纵向转移支付制度，研究建议是加强跨区域横向转移支付制度建设；在市级层面，上海市虽然已建设耕地生态保护纵向转移支付制度，实现增量财政投入，但研究建议是既要进一步加强纵向财政转移支付制度建设，也要探索横向财政转移支付制度建设；浙江省和江苏省则是要在省内城市间和城市内部均加强横向财政转移支付制度建设；安徽省则是要加强省对市的和市对区的财政转移支付制度建设。

第五章

基于个人福利提升的农地保护补偿机制探索

本研究第三章第四节描述了本章数据来源及获取情况,研究对526份有效问卷做了基本描述统计分析,情况如下:526份有效样本中,浦南地区401份,浦北地区125份。男性占比83.08%,女性占比16.92%,男性比例较高的原因主要是研究调研的家庭农场是以家庭为单位的农业经营主体,男性往往是户主和家庭农场主,对农业生产情况更熟悉,所以面填问卷时多为男性。

表 5-1　　　　　　　　　有效样本的描述统计分析

控制变量	浦南	浦北	合计			
样本量/个	401	125	526	最大值	最小值	标准差
性别（男性比例）	82.80	84.00	83.08	1	0	0.375
年龄/岁	49.71	49.47	49.65	68	20	7.450
受教育年限/年	9.12	9.20	9.14	18	0	2.530
家庭规模/人	4.31	4.16	4.27	8	1	1.248
劳动力规模/人	2.73	2.58	2.70	6	1	0.937
农业劳动力规模/人	2.28	2.03	2.22	5	1	0.842
兼业情况（兼业占比）	33.67	40.80	35.36	1	0	0.479

从样本特征来看:(1)受访者年龄平均为49.65岁,浦南地区受访者平均年龄较浦北地区更大,但二者区别大不,仅相差0.24岁。(2)受访者平均受教育年限为9.14年,浦南地区受访者平均受教育年限略低于浦北地区,但二者没有显著差别,仅相差0.08年。(3)受访者平均家庭人口数为4.27人,平均劳动力人口数2.7人,平均农业劳

动力人口数 2.22 人，浦北地区平均值略高于浦南地区，但二者没有显著差异。(4) 有 35.36% 的受访者存在农业兼业情况，浦北地区的平均水平 (40.80%) 高于浦南地区 (33.67%)，这与浦北地区更接近城镇化地区，有更多的就业机会有关。受访者分布与基本特征符合实际情况。

一、农户对农地保护的认知情况

调查问卷在获取耕地管制区内受访者对耕地保护补偿的偏好前，设计了一些问题用于了解受访者对环境保护、耕地保护的政策认知及意愿，具体包括受访者对本地耕地保护情况的认知、受访者对耕地保护补偿的认知及受访者对耕地多元价值的认知。

(一) 受访者对本地耕地保护情况的认知

松江区部分镇地处二级水源保护区，土地利用制约因素较多，所以整体环境较好，从图 5-1 可以看到，有 89.93% 的受访者认为本地生态环境情况好，仅有 1.71% 的受访者认为本地环境情况不佳。

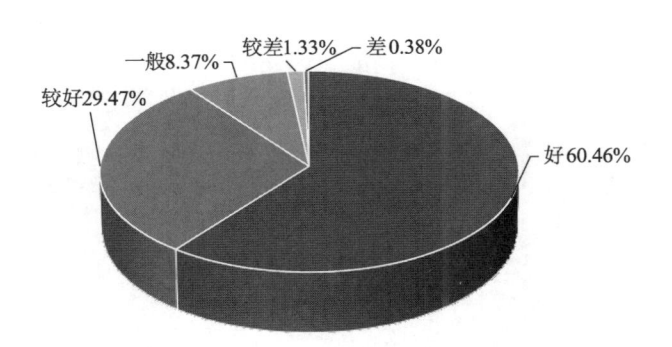

图 5-1 有效样本对本地生态环境的感知情况

虽然九成受访者均认为本地环境很好或较好，但仍有 79.47% 的受访者认为本地生态环境需要改善，这种矛盾可能来源于当前环境与过去生境间的比较，虽然横向和其他地区相比，本地环境很好，但是纵向和本地过去环境比，环境质量是有所下降的。这个判断和问题"C7、您认为目前本地耕地资源生态效益是否减少或降低"的调查结果具有一致性，50.95％的受访者认为本地耕地生态效益有所下降，比认为"没有下降"的占比高出1.9个百分点（见表5-2）。

表5-2 有效样本对改善本地生态环境的意愿与认知

选项	指标	生态环境是否需要改善	耕地生态效益是否降低
是	频数	418	268
	比例	79.47％	50.95％
否	频数	108	258
	比例	20.53％	49.05％

问卷随后对"认为本地耕地生态效益下降"的受访者问及下降的原因"C7-1、如果选是，您认为本地耕地资源降低的原因是（可多选）"，268位受访者做出383项响应。具体看各选项的响应率（见图5-2），认为"耕地面积减少"引起耕地生态效益下降的响应率为45.17％，是受访者认为耕地生态效益下降的最主要原因；其次是"耕地污染增加"和"耕地肥力下降"，响应率分别为27.15％和18.02％；有9.66％的受访者提及其他原因，通过访谈得知，部分受访者认为人工费用的增加会增加耕地数量和质量保护的成本，在比较利益下，这也会成为本地耕地生态效益下降的原因之一。

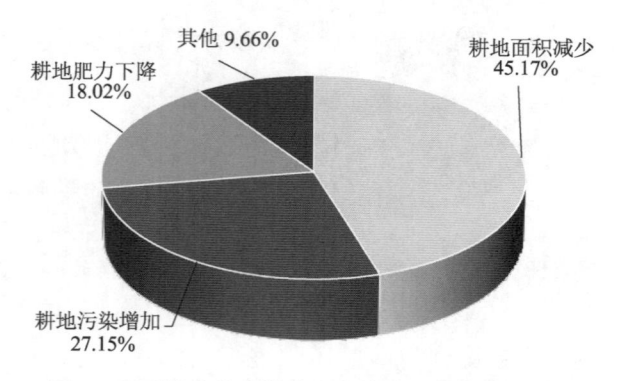

图5-2 受访者认为耕地生态效益下降的原因分析

问卷同时对"认为本地耕地生态效益未下降"的受访者问及原因"C7-2、如果选否，您认为未降低的原因是（可多选）"，258位受访者做出1 042项响应。具体看各选项的响应率（见图5-3），认为"耕地面积增加"是耕地生态效益未下降原因的响应率为40.40%，是最主要原因；随后是"施用有机肥或缓释肥"减少污染和"采取深翻或种植绿肥"增加耕地肥力，响应率分别为29.56%和28.41%。

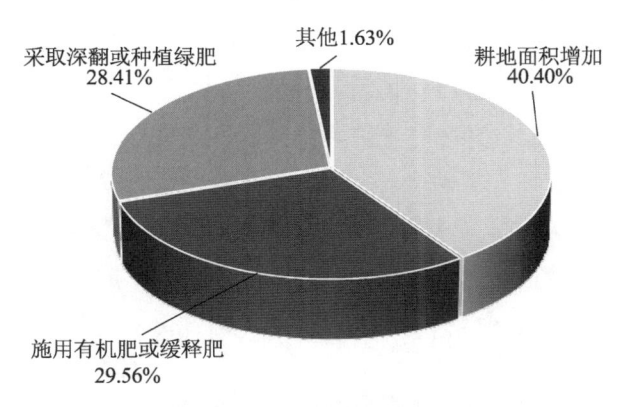

图 5-3　受访者认为耕地生态效益没有下降的原因分析

对比认为耕地生态效益下降和未下降的受访者对原因的响应可以发现：

(1) 受访者认为对于耕地生态效益，耕地数量比质量是更重要的作用因素，耕地面积变化的响应率在耕地生态效益变化原因中均是排第一位。

(2) 认为耕地生态效益没有降低的受访者，对耕地质量的作用因素更为看重，说明耕地质量的提升对维持耕地生态价值有重要积极作用。我国耕地保护政策目标中一直强调18亿亩耕地红线的数量底线，对耕地质量的保护一直缺乏定量化和有效管控抓手，导致耕地占补平衡过程中占优补劣的情况屡禁不绝。从受访者的认知情况看，耕地保护补偿中对耕地质量保护（响应率57.97%）的补偿应大于对耕地数量保护（响应率40.40%）的补偿。

(3) 从复选情况看，268位认为本地耕地生态效益降低的受访者做出383次响应，复选率1.43，258位认为本地耕地生态效益没有降低的受访者做出1 042次响应，复选率4.04，说明单一的手段或原因就能导致耕地生态效益的降低，而复合型耕地保护手段才能更保障耕地生态效益的维持。

(二) 受访者对耕地保护补偿政策的认知

问卷分别就补偿政策和耕地保护政策向受访者了解其政策认知情况,从图 5-4 可以看出,受访者耕地保护政策的认知情况要好于补偿政策,了解耕地保护政策受访者达到 93.92%,而了解补偿政策的受访者仅有 54.37%,有 19.39% 的受访者完全没听过耕地补偿相关政策。

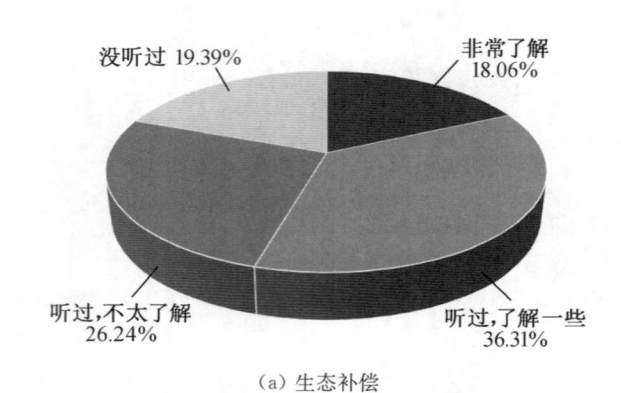

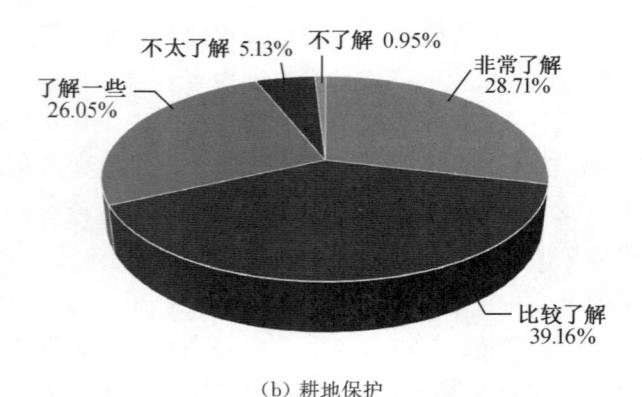

（a）生态补偿

（b）耕地保护

图 5-4　受访者对耕地保护及补偿政策的认知情况

在问及受访者"C3、您是否认同农田（耕地）除了具有提供农产品的生产功能外,还具有净化空气、涵养水源、调节气候等诸多好处",认同的受访者占全部有效样本比例为 78.70%,不认同的受访者占比仅 1.33%,说明耕地使用者普遍认同耕地存在经济价值之外的多元价值。但仍有 19.96% 的受访者对耕地的多元价值持不确定观点，这可能与"多元价值"这个说法较抽象有关，结合受访者对耕地多元价值的认知调查（具体见表 5-3）可知，受访者对具体的功能认知程度更好。

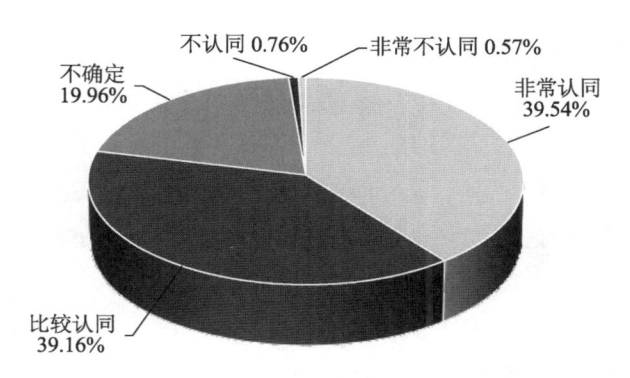

图 5-5 受访者对耕地多元价值的认知情况

对于耕地保护的政策目的，526 位受访者做出 1 055 次响应。具体看各选项的响应率（见图 5-6），"保障粮食安全"和"保障农产品质量安全"是受访者认为耕地保护政策目的中响应率较高的两项，其响应率分别为 39.05% 和 28.82%，这与目前耕地保护政策绩效中关注的指标和耕地保护相关补贴发放标准有关；认为"保护生态环境"是耕地保护政策目标的响应率为 20.85%，这可能与耕地生态效益的认知

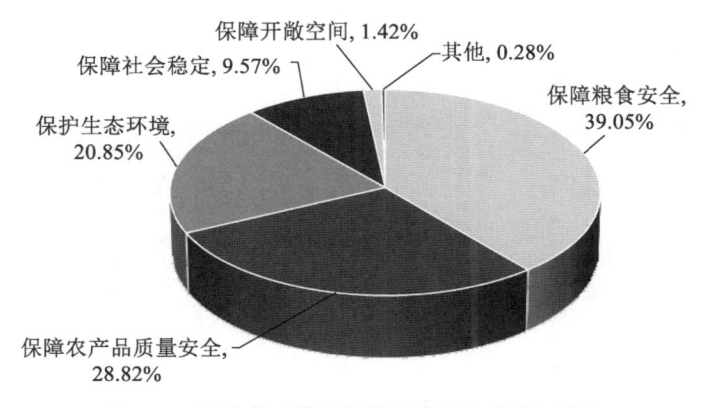

图 5-6 受访者对耕地保护政策目的的认知情况

度有一定关系。耕地的其他功能（如社会保障、开敞空间等）响应率在一层左右，这与上海较高的城市化水平有关，农民有较多务工机会，农民的生计对耕地及农业生产的依赖性较低。

（三）受访者对耕地多元价值的认知

从表5-3可以看出：(1) 受访者认为在"土壤保护""净化空气""水源涵养"等方面耕地能发挥重要生态功能，认为"非常重要"和"比较重要"的比例之和均超过90%；(2) 受访者认为在"失业保障""养老保障""废物处理"等方面耕地能发挥的功能相对不太重要或不清楚，受访者在这几项功能的认知中，认为"不太重要""非常不重要"和"不清楚"的比例之和均超过15%；(3) 另外，"维护生物多样性"和"提供休闲游憩"这两项功能的认知中，受访者对其重要程度的离散度低于其他选项，这可能与这两项功能和受访者自身直接利益关联度较低有关，耕地这两项价值外溢的受益者更多是市民或者政府，而非农民。总体而言，受访者认知中耕地保护在改善环境方面的重要性明显要高于保障社会稳定方面的重要性。

表5-3　有效样本受访者对对耕地多元价值的认知（$N=526$）

单位：%

耕地多元价值	非常重要	比较重要	一般重要	不太重要	非常不重要	不清楚
净化空气	64.83	26.62	5.32	0.76	0	2.47
气候调节	59.51	30.04	7.60	0.57	0	2.28
水源涵养	63.31	30.23	4.75	0.76	0	0.95
土壤保护	69.77	25.86	3.23	0	0	1.14
废物处理	56.46	21.29	5.51	5.13	5.89	5.70
维护生物多样性	53.23	22.62	13.12	2.85	1.14	7.03
粮食安全保障	63.12	22.24	9.32	1.52	0.76	3.04
失业保障	57.79	15.02	8.17	4.56	7.03	7.41
养老保障	55.70	18.44	8.37	4.18	7.22	6.08
提供休闲游憩	47.91	25.48	13.31	4.94	2.66	5.70

二、模型构建与实验设计

（一）模型构建

选择实验模型是建立在 Lancaster 的随机效用模型的基础之上的，它认为理性消费者会通过选择待估物品最优的属性及其水平组合来达到自身效用的最大化，受访者个人从某一选择方案中所获取的效用函数的具体形式可表达为：

$$U_{in} = V_{in}(X, Y-C) + \varepsilon_{in} \quad \text{（公式 1）}$$

其中，U_{in} 是方案 i 对受访者 n 的效用水平，包括可观测效用 V_{in} 和不可观测部分 ε_{in}。当理性受访者从方案 j 中获取的总效用大于方案 K 时，就会选择方案 j，具体表示为：

$$\begin{aligned} P_{jn}(j/C_n) &= P(U_{jn} > U_{kn}) \\ &= P(V_{jn} + \varepsilon_{jn} > V_{kn} + \varepsilon_{kn}) \end{aligned} \quad \text{（公式 2）}$$

随机误差项的存在而无法准确预测效用，因此产生了选择的概率，受访者从 n 个方案中选择 j 方案的概率可以表达为：

$$P_{jn} = \frac{\exp(\lambda V_{jn})}{\sum_n \exp(\lambda V_{jn})} \quad \text{（公式 3）}$$

系统效用函数：

$$V(x, T) = \sum_\rho \beta_p x_p + \beta_T T \quad \text{（公式 4）}$$

X_p 为相关选择的属性特征，β_p，β_T 为选择属性和经济特征的估计系数，当效用最大化时 $d_V = 0$，则各个属性价值（WTP）可表示为：

$$MWTP_p = \frac{dT}{dx_p} = -\frac{\dfrac{\partial V}{\partial x_p}}{\dfrac{\partial V}{\partial T}} = -\frac{\beta_p}{\beta_T} \quad \text{（公式 5）}$$

各个属性组合方案的非经济成本可用初始效用状态偏好与最终效

用状态偏好的差异表示：

$$CS = -\frac{1}{\beta_r} \left| \ln \sum_i \exp V^0 - \ln \sum_i \exp V^1 \right| \quad （公式6）$$

（二）上海市松江区耕地补偿方案属性选取与水平确定

1. 松江区耕地保护补偿政策现状

2022年末，松江区耕地面积22.14万亩，其中：水稻面积15.17万亩、绿叶菜种植面积0.86万亩；全区农业生产总值16.89亿元，粮食总产量8.68万吨，蔬菜产量9.24万吨。15.17万亩水稻种植面积中，优质稻种植面积8.2万亩，占比54%，在完成粮食保供稳产和耕地面积红线的任务同时，实现了粮食生产的提质增效。松江区耕地环境的改善有以下三点主要做法：一是全面推广绿色生产技术，以点带面辐射推广化肥减量技术，2022年建立示范点28个，示范面积1.6万亩。推广应用测土配方施肥、有机替代无机，实现化肥减量。通过绿色防控技术应用、统防统治植保服务体系提升，实现农药化肥年减量2%以上，种植业绿色生产基地覆盖率达82%，农产品绿色认证率达47.27%，全上海排名第一。二是创新耕地质量保护，推出全国首个耕地地力指数保险，将过去传统的受灾赔付转变为地保护得越好，理赔金额越高，从而有效激发农民投入耕地保护工作热情。截至2022年底，松江全区418户家庭农场共计投保面积约7.1万亩。耕地土壤有机质含量从2016年到2022年提升6.8%（平均含量44.9克/千克），耕地质量等级从2.17等提高至1.72，耕地质量显著提升。三是推行生态循环生产技术，推广种养结合家庭农场粪污全量还田、秸秆全量还田等生态循环模式，全区农业废弃物资源化利用率持续提高，秸秆综合利用率达99.7%，畜禽粪污资源化利用率达99.2%，有效改善了农业生态环境。

松江区的耕地保护补贴项目设计分为两类：

第一类是对水稻生产的补贴，基于粮食安全和保供要求，种植水稻的要求属于强制类的管制，采取普惠制补贴。主要有三个：一是粮食生产环境保护补贴。农户落实种植一茬水稻，冬季休耕轮作种植绿肥或冬翻，秸秆综合利用，机械播栽，规范用种，减肥减药，农药、兽药等农资包装废弃物回收处置等生产技术措施实施补贴。补贴标准是 550 元/亩；开展水稻秸秆机械粉碎还田的面积，按还田面积叠加 50 元/亩。10 亩以上（含 10 亩）蔬菜种植户、蔬菜生产基地补贴标准是 400 元/亩。二是粮食家庭农场考核奖励。对家庭农场生产管理情况以负面清单方式按季度进行考核，主要内容为新农艺应用、病虫草防控效果、安全用药、秸秆禁烧、农田环境，农药、兽药等农资包装废弃物回收等。奖励标准为 200 元/亩。三是粮食收购差价补贴。以保护农民种粮积极性，稳定粮食生产能力，提升粮食生产质量，以实现价补分离为目标，建立粮食价补分离机制，设定以稻谷 1.5 元/市斤为基准，粮食部门以国家保护价收购结算，对照基准价格，差价部分给予浮动补贴。补贴标准按照"按交售国家粮库稻谷数（重）量×每市斤差价"执行。

第二类是基于绿色生产和土地可持续高效利用为目标，通过依申请的奖补制补贴，激励耕地使用者更多选取绿色生产行为。主要有三个：一是商品有机肥补贴。针对在松江区内从事农业生产的农户或农业生产单位购买使用商品有机肥，每吨补贴 300 元。二是缓释肥补贴。针对在松江区内从事农业生产的农户或农业生产单位购买使用缓释肥，每吨补贴 2 000 元。三是耕地地力指数保险补贴。针对投保的家庭农场在生产经营期内对耕地质量进行保护和提升的实效进行赔付性补贴。五年期保额共 400 元/亩，其中市财政贴补 40%，区财政 40%，家庭农场经营者自筹 20%；最高赔付总额可达到 1 280 元/亩，具体补贴金额和标准如表 5-4 所示。

表 5-4　松江区耕地地力指数保险补贴指标要求与理赔金额对照表

有机质含量变化幅度	≤−5%	>−5% ≤5%	>5% ≤8%	>8% ≤11%	>11% ≤14%	>14%
等级变化幅度	等级下降	等级不变	提升 1 级	提升 2 级	提升 3 级	提升 4 级
期中评价理赔（第 3 年）	0	120 元/亩	216 元/亩	312 元/亩	408 元/亩	480 元/亩
期末评价理赔（第 5 年）	0	200 元/亩	360 元/亩	520 元/亩	680 元/亩	800 元/亩

通过梳理可以发现，松江区目前采取的补贴政策属性存在差异，对强制类管制和激励类引导两大类耕地利用行为进行奖补，其中：在耕地种植品种管制方面，粮食作物（水稻）比经济作物（蔬菜）的补贴水平高，可以看出种植管制主要是通过减少收入来增加补贴金额，所以管制强度越高，耕地使用者的受偿意愿会越高。在激励类的补贴项目方面，补贴和参与方式都是"政府鼓励、政策引导、自愿参与"，主要通过引导耕地使用者通过增加绿色生产和提高地力的投入来增加补贴金额，所以投入增加越多，耕地使用者的受偿意愿会越高。不同政策属性的作用机制及作用方向比较见下表5-5。

表5-5　　　　　　不同政策属性的作用机制及作用方向比较

类型	属性	作用机制	作用方向
强制类	种植管制	减少收入	管制越大，受偿意愿越高
激励类	化肥投入	增加投入	投入越大，受偿意愿越高
	深翻	增加投入	
	绿肥	增加投入	
	地力改变	增加投入	

2. 补偿方案属性选取与水平确定

遵循理论结合实际的原则，研究结合松江区现行耕地补贴政策的内容和政策框架，将核心变量"补贴水平"设置为400元/亩·年、600元/亩·年、800元/亩·年和1 000元/亩·年四个水平，需要说明的是，在补贴的属性水平中没有0元/亩·年是基于两个考虑，一方面是现有政策以400元/亩·年为起点补贴，0元/亩·年严重偏离了现有政策，另一方面，在选择集设计时单列了"不要补贴但也不受耕地利用限制"的选项，作为选项中没有0元/亩·年的补充，这样既覆盖了0元/亩·年的可选项，也减少了不必要的选择集数量增加。

强制性政策，结合松江区补贴文件的内容和耕地保护政策文件，将作物种植分为水稻（粮食作物）和蔬菜（经济作物）两类。激励政策也是根据松江区补贴文件内容，分为深翻、种植绿肥、化肥投用和耕地肥力四个属性特征，其中深翻和种植绿肥在"粮食生产环境保护补贴"条件中有要求；化肥投用是按照"商品有机肥"和"有机缓释肥"分类依申请奖补,所以化肥投用的属性水平分为化学肥料、商品有机肥、有机缓释肥三类;耕地肥力则是针对松江区特有的耕地地力指数保险补贴设计,但属性水平没有按照保险设置的六个级别设计,而是简化为地力"下降5％""不变"和"提高5％"三类,这种处理方法一方面可以减少选择集,提高问卷设计效率,同时也覆盖实际政策中降低、不变、增加三种耕地肥力变化趋势。具体属性特征及水平见表5-6所示。

表 5-6 实验设计中的属性特征及其水平

类型	属性特征	属性水平
强制政策	种植作物	粮食作物（水稻） 经济作物
激励政策	深翻	是 否
	种植绿肥	是 否
	化肥投用	化学肥料 商品有机肥 有机缓释肥
	耕地肥力	下降5％ 不变 上升5％
补贴水平	货币补偿	400元/亩·年 600元/亩·年 800元/亩·年 1 000元/亩·年

（三）基于农户受偿意愿的耕地保护补偿选择实验设计

选择实验设计最重要的步骤是确定受访者所关注的选择方案属性,

并确定每个属性的可选水平。通过对现有政策的梳理和已有补偿水平确定属性及水平之后进行实验设计。在实验设计中，常用全因子设计或正交设计，全因子实验设计法是每个因素的不同水平组合均需做一次试验；正交试验设计是根据正交性从全因子设计中挑选出部分有代表性的进行试验。在保证实验信度效度的基础上，考虑到受访者的答题难度，提高实验的有效性，研究在全因子设计和正交设计中选择正交设计法进行实验设计。

根据已经确定指标和属性水平的条件下，全因子设计会产生 288（2×2×2×3×3×4）种补偿设计方案，通过 Ngene 软件进行正交设计后，剔除不切实际的备选方案，最终形成 36 个方案选择集，再随机分成 6 组（详见附录Ⅱ）。调查时每个受访者随机选取问卷，进行 6 次方案选择，选中的方案即是受访者效用最大化的受偿方案。表 5-7 为其中一个选择集的示例，可以看到，选择集中有作物选择、是否深耕、绿肥种植、肥料选用、地力变化和补贴水平等属性，每个属性有多个属性水平。另外，问卷选择集中，除实验设计的受偿方案外，每个选择集还提供一个"不要补贴但也不受限制"的选项，以使受访者能更多体现自身的实际意愿。

表 5-7　　　　　　　　　　　选择集示例

第 1 次投票		
指标	方案 A	方案 B
作物选择	水稻	经济作物
是否深耕	是	是
绿肥种植	否	是
肥料选用	有机缓释肥	化学肥料
地力变化	不变	下降 5%
补贴水平	1 000	600

请选择一个：

○投票给方案 A　　○投票给方案 B
○都不选，不要补贴但也不受限制

三、实证结果分析

本部分实证逻辑为：首先，按照一般模型设定情况，对混合 logit 模型进行回归参数估计，根据基础模型估计结果，一方面将不显著指标由随机参数调整为固定参数，优化回归模型，并根据优化模型计算不同属性水平的边际效用；另一方对随机参数标准差系数估计显著的指标进行异质性来源分析。其次，基于管制强度的受偿意愿进行空间异质性分析，以黄浦江水源保护区作为空间区分，对有效样本进行分组估计，对比管制区内外受访农户对不同属性水平的受偿意愿是否存在显著差别。最后，基于政策有效性和针对性的需求，对所有样本进行潜类别模型回归，以更加全面地从有效性和针对性角度为农地保护补偿方案制定提供依据。

（一）混合 logit 模型估计结果

本文采用 Nlogit6.0 处理选择实验数据，对 Mixed Logit 模型进行 500 次 Halton 抽样仿真似然估计，并对效用函数进行如下设定。①替代常数项 ASC 的参数为固定参数，代表了效用的基准水平。②使用虚拟变量的编码方式，首先将非货币指标作为随机参数，设定其符合正态分布，得到模型回归估计结果见表 5-8。

表 5-8　　　　基础 Mixed Logit 模型回归估计结果

属性变量		基础回归		
		系数估计值	标准误	z 值
固定变量参数	受偿意愿	0.000 46***	0.000 17	2.73
	替代常数项 ASC	1.511 56***	0.172 48	8.76
随机参数均值	种植水稻	0.094 83*	0.055 09	1.72
	深耕	−0.028 68	0.059 51	−0.48
	种植绿肥	0.081 74	0.076 40	1.07
	商品有机肥	0.174 60**	0.069 00	2.53
	有机缓释肥	0.115 60*	0.061 05	1.89

续表

属性变量		基础回归		
		系数估计值	标准误	z 值
随机参数均值	维持地力不变	−0.027 93	0.089 62	−0.31
	提高地力5%	0.091 04	0.074 39	1.22
随机参数标准差	种植水稻	0.296 90**	0.148 90	1.99
	深耕	0.297 48	0.185 39	1.6
	种植绿肥	0.949 76***	0.105 03	9.04
	商品有机肥	0.366 64**	0.180 22	2.03
	有机缓释肥	0.161 48	0.218 61	0.74
	维持地力不变	0.601 33***	0.118 09	5.09
	提高地力5%	0.232 75	0.209 20	1.11
观测值	3 156	AIC 信息准则		5 645.5
卡方检验值	1 320.952 25***	McFadden Pseudo R^2		0.190 49

注：*、**、*** 分别代表参数估计在1%、5%、10%的置信水平下显著。

将参数估计不显著的指标调整为固定参数，最终确定替代常数项 ASC、受偿意愿、是否深耕、是否施绿肥、耕地地力变化等作为固定参数变量，是否为粮食作物（水稻）、选用商品有机肥、选用有机缓释肥等三个显著性指标作为随机参数变量。模型运行后，整体拟合效果与基础模型相当，模型的卡方检验在1%的水平下显著，伪 R 方（Pseudo R^2）高于0.150，拟合效果良好，但按照将参数估计不显著的指标调整为固定参数符合模型优化的一般原则，故而仍进行模型调整，并采用调整后的模型进行边际效应的测算，调整后的模型估计结果见表 5-9。

是否种植粮食作物（水稻）、选用商品有机肥、选用有机缓释肥等三个指标在统计上显著，且系数符号为正，意味着对于农户而言，在农地保护的政策措施中，种植粮食作物（水稻）、选用商品有机肥或有机缓释肥的受偿意愿更高，政策上启示对于限制农户种植水稻，引导农户使用商品有机肥或有机缓释肥，农地保护的奖补政策是必要且有

表 5-9　　　　　　　　调整 Mixed Logit 模型回归估计结果

属性变量		基础回归		
		系数估计值	标准误	z 值
固定变量参数	深耕	−0.010 09	0.053 20	−0.19
	种植绿肥	0.056 08	0.056 71	0.99
	维持地力不变	−0.003 67	0.077 30	−0.05
	提高地力 5%	0.088 31	0.067 52	1.31
	受偿意愿	0.000 38**	0.000 15	2.47
	替代常数项 ASC	1.407 95***	0.159 77	8.81
随机参数的均值	种植水稻	0.091 98*	0.049 79	1.85
	商品有机肥	0.138 72**	0.062 16	2.23
	有机缓释肥	0.102 71*	0.055 06	1.87
随机参数的标准差	种植水稻	0.222 57	0.165 19	1.35
	商品有机肥	0.185 08	0.267 80	0.69
	有机缓释肥	0.198 96	0.196 07	1.01
观测值	3 156	AIC 信息准则		5 698.7
卡方检验值	1 259.741 3***	McFadden Pseudo R^2		0.181 66

注：*、**、*** 分别代表参数估计在 1%、5%、10% 的置信水平下显著。

效的。深耕、种植绿肥和地力变化的模型参数估计不显著，这可能与属性水平中存在一定因果关系有关。通过参数系数估算受访农户对农地保护政策属性可接受的受偿货币水平，即当补偿改策不包含该补偿项，为了维持参与农地保护农户的效用水平，农户所需的受偿货币化水平，如表 5-10 所示。

表 5-10　　农地保护政策下补偿方案属性的边际货币水平

指标水平	平均受偿意愿			p
	均值	0.025	0.975	
任意补偿方案	3 705.13	1 577.16	17 042.31	0.000 0
种植水稻	242.05	−21.05	1 134.40	0.064 7
商品有机肥	365.05	33.06	1 497.20	0.025 6
有机缓释肥	270.29	−21.04	1 282.86	0.062 1
深耕	−26.55	−476.35	371.21	0.849 6
种植绿肥	147.58	−176.67	818.81	0.322 8
维持地力不变	−9.66	−396.69	927.68	0.962 1
提高地力 5%	232.39	−103.77	1 493.26	0.190 9

注：0.025、0.975 是支付意愿分布的 2.5% 和 97.5% 分位数；p 是原假设为均值等于 0 的双侧检验显著程度。

由表 5-10 可知，受访农户对任意受偿方案的平均受偿意愿为 3 705.13 元/亩·年，远高于现在实际的农地保护政策的奖补水平。在 3 705.13 元/亩·年的基础上，限制农户种植水稻会使受偿意愿显著增加 242.05 元/亩·年；在 3 705.13 元/亩·年的基础上，要求农户在农地利用过程中使用商品有机肥，受限制的农户受偿意愿显著增加 365.05 元/亩·年，而要求农户在农地利用过程中使用有机缓释肥，受限制的农户受偿意愿显著增加 270.29 元/亩·年。要求农户对农地进行深耕、种植绿肥、维持或增加地力水平，都不会使受偿意愿有显著上升或下降。

在基础模型的基础上，利用样本的特征变量做交互分析。不同农户对各属性存在的偏好差异，而偏好差异具有异质性，为进一步分析农户受偿偏好异质性的来源，更好地剖析农户特征和受偿偏好之间的关系，为制定农地保护补偿政策提供参考，提高受限区农民的个人福利，本文继续在基础回归的基础上建立包含交互项的混合 logit 模型。研究对包含固定常数项 ASC 在内的 8 个属性水平，选择调研样本的个人特征变量（年龄、性别、受教育年龄）和家庭特征变量（家庭农业劳动力人口、家庭农业兼业情况）分别做交互回归，筛选出交互项参数中存在统计显著的四个模型，模型的参数估计结果见表 5-11。

表 5-11　有效样本与特征变量交叉项的混合 logit 模型回归估计结果

属性变量		与固定常数项交互		与种植水稻交互	
		系数估计值	标准误	系数估计值	标准误
随机变量参数	种植水稻	0.095 7*	0.054 3	−0.596 8	0.467 5
	深耕	−0.027 4	0.059 1	−0.029 5	0.059 7
	种植绿肥	0.085 1	0.076 2	0.082 5	0.076 4
	商品有机肥	0.173 6**	0.068 7	0.178 0**	0.069 2
	有机缓释肥	0.114 2*	0.060 5	0.112 5*	0.061 0
	维持地力不变	−0.024 5	0.089 2	−0.037 5	0.089 9
	提高地力 5%	0.091 1	0.073 9	0.081 4	0.074 1
固定变量参数	受偿意愿	0.000 5***	0.000 2	0.000 5***	0.000 2
	替代常数项 ASC	0.846 3	0.724 1	1.503 5***	0.172 5
交互项参数	年龄	−0.007 8	0.010 9	−0.002 9	0.007 1
	性别	0.378 8*	0.195 0	0.265 5*	0.136 0
	受教育年限	0.023 9	0.032 1	0.046 4**	0.021 1
	家庭劳动力人口	0.199 9**	0.086 3	0.067 4	0.055 1
	兼业情况	0.022 0	0.163 5	0.021 5	0.105 9
随机参数的标准差	种植水稻	0.243 1	0.177 2	0.231 0	0.186 5
	深耕	0.288 1	0.184 0	0.320 4*	0.165 2
	种植绿肥	0.943 8***	0.104 2	0.945 8***	0.104 2
	商品有机肥	0.356 7*	0.184 7	0.379 8*	0.171 2
	有机缓释肥	0.118 6	0.255 3	0.162 1	0.226 7
	维持地力不变	0.593 8***	0.121 7	0.614 6***	0.116 5
	提高地力 5%	0.208 4	0.228 0	0.188 0	0.254 5
	卡方检验值	1 330.750 34***		1 333.569 86***	
	McFadden Pseudo R^2	0.191 904 5		0.192 311 1	

注：*、**、*** 分别代表参数估计在 1%、5%、10% 的置信水平下显著。

续表

属性变量		与深耕交互		与有机缓释肥交互	
		系数估计值	标准误	系数估计值	标准误
随机变量参数	种植水稻	0.096 7*	0.055 0	0.094 8*	0.054 4
	深耕	−0.253 4	0.504 7	−0.027 0	0.059 3
	种植绿肥	0.078 8	0.076 7	0.081 5	0.076 1
	商品有机肥	0.177 8**	0.069 8	0.178 2***	0.069 2
	有机缓释肥	0.115 0*	0.061 0	0.452 3	0.487 7
	维持地力不变	−0.033 8	0.089 9	−0.026 7	0.089 5
	提高地力5%	0.089 5	0.074 0	0.089 1	0.073 6
固定变量参数	受偿意愿	0.000 5***	0.000 2	0.000 5***	0.000 2
	替代常数项ASC	1.510 3***	0.172 5	1.510 4***	0.172 1
交互项参数	年龄	−0.003 7	0.007 7	−0.014 6*	0.007 6
	性别	0.055 2	0.143 0	0.258 7	0.146 2
	受教育年限	−0.006 3	0.022 4	−0.011 3	0.022 5
	家庭劳动力人口	0.162 1***	0.059 8	0.113 0*	0.058 1
	兼业情况	−0.040 9	0.114 6	−0.085 1	0.111 7
随机参数的标准差	种植水稻	0.287 7*	0.156 3	0.250 6	0.175 1
	深耕	0.282 8	0.183 4	0.301 0*	0.173 6
	种植绿肥	0.955 7***	0.104 1	0.937 9***	0.103 9
	商品有机肥	0.418 6***	0.160 3	0.387 5**	0.167 7
	有机缓释肥	0.155 4	0.230 4	0.137 6	0.239 2
	维持地力不变	0.611 4***	0.116 8	0.596 6***	0.118 8
	提高地力5%	0.158 5	0.270 4	0.150 1	0.270 2
卡方检验值		1 329.311 30***		1 330.585 54***	
McFadden Pseudo R^2		0.191 697		0.191 880 7	

注：*、**、***分别代表参数估计在1%、5%、10%的置信水平下显著。

与固定常数项交互模型中，性别、家庭劳动力人口等两个交互项通过显著性检验，说明这两个变量特征对农户是否接受耕地保护补偿方案具有解释效度。从变量符号看作用方向：男性比女性对于管制下的耕地保护补偿方案接受程度更高。家庭劳动力人口越多的受访者越容易接受耕地保护补偿方案。

与种植水稻交互模型中，性别、受教育年限等两个交互项通过显著性检验，说明这两个变量特征对农户受限种植水稻的受偿意愿有解释效应。从变量符号看作用方向：男性比女性对于受限种植水稻的受偿意愿更高。教育年限越长的受访农户对于受限种植水稻的受偿意愿更高。

与深耕交互模型中，仅家庭劳动力人口交互项通过了显著性检验，从作用方向看，家庭劳动力人口越多的受访者对深耕的受偿意愿越高。

与使用有机缓释肥交互模型中，年龄、性别、家庭劳动力人口等三个交互项通过显著性检验，说明这三个变量特征对农户对使用有机缓释肥的受偿意愿具有解释效度。从变量符号看作用方向：越年轻的人对于使用有机缓释肥的受偿意愿越高，结合访谈了解的信息，年龄大的受访者对于使用有机缓释肥的受偿意愿低于年轻人的原因在于，松江区自2009年秋播起全区推行"三三制"①，年长农户大多数一直从事水稻种植，对绿色种植已经有较高的接受度，使用有机缓释肥更符合其绿色生产的选择，故而一定程度降低了对成本的敏感度，受偿意愿较年轻人低；相对而言，年轻农户对成本敏感度较高，有机缓释肥成本显著高于商品有机肥，同时其土壤培肥的功效与深耕、种植绿肥间有一定替代性，所以在肥料选择上，年轻农户基于成本和肥料作用的综合考虑，对有机缓释肥的受偿意愿更高。男性比女性对于施用有机缓释肥的受偿意愿更高。家庭劳动力人口越多的受访者对使用有机缓释肥的受偿意愿越高。

综合看交叉模型结果，性别和家庭劳动力人口对耕地保护的受偿意愿作用较明显。男性在接受补偿方案、限制种植水稻和要求使用有机缓释肥的受偿意愿都显著高于女性，这可能与受访者在农业生产经

---

① "三三制"是松江区全区实施的一种茬口模式。家庭农场按照种植二麦、绿肥、深翻各占1/3的茬口布局，实现3年1次轮作换茬。松江区"三三制"是一种有利于土壤培肥、改善生态环境的种植模式。

营中有新技术或新政策出现时，决策受影响程度有关，根据调查问卷的问题 A7，发现男性受访者的决策受很大或较大影响的比例（33.41%和 20.82%）低于女性受访者（34.83%和 25.84%），而男性受访者的决策不受或受较小影响的比例（13.50%和 8.70%）则明显比女性受访者（5.62%和 7.87%）要高，数据反映出女性受访者比男性受访者更容易受到种田能手、大户的决策影响，男性受访者自主意识较强，而女性受访者趋于群体选择，这会弱化对部分政策或技术受偿意愿的表达。

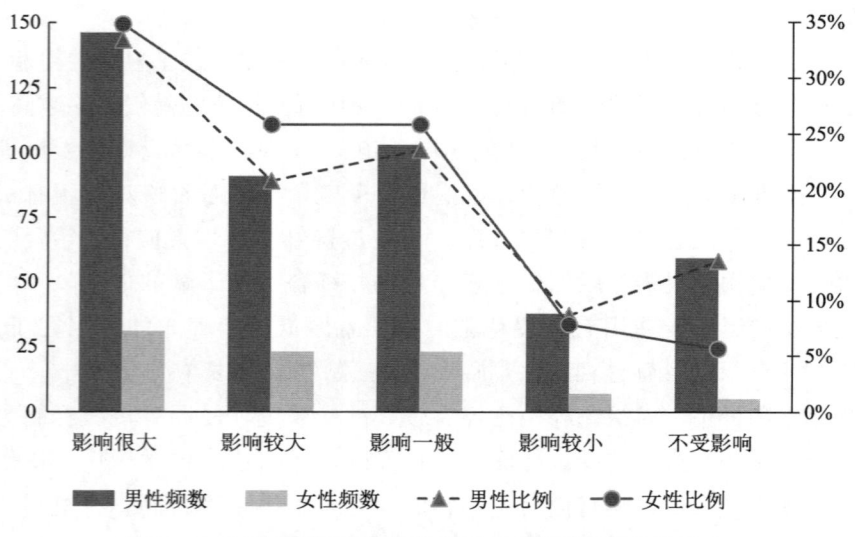

图 5-7　性别对耕地保护新技术或新政策采纳决策的影响

家庭劳动力人口越多的受访者在接受补偿方案、要求深耕和要求使用有机缓释肥的受偿意愿都显著更高，分析原因，可能与家庭劳动力人口数量对就业结构和就业认知的影响有关，根据调查问卷的问题 A3-3，通过回归模型可以发现家庭劳动力人口数量与兼业有显著相关性（见表 5-12），家庭劳动力人口数量越多的受访者，兼业可能性越大。有兼业的家庭对农业生产的依赖性会更低，受访农民将种地职业化的趋势更明显，职业农民在信息搜集和决策上会更理性，对耕地保护政策的管制内容会体现出更高的受偿接受度。

表 5-12　　　　　　受访者家庭劳动力人口数量与兼业的关系

	回归系数	标准误差	t Stat	P-value
常数项	0.188 2	0.063 96	2.942 85	0.003 396
家庭劳动力人口数量	0.070 5	0.022 41	3.146 53	0.001 746

（二）基于管制强度的受偿意愿的空间异质性及来源分析

为了解不同管制程度的受偿意愿是否存在空间异质性，以水源保护区作为管制功能区，对受访者进行分组。水源保护区范围以《黄浦江上游饮用水水源保护区划（2022 版）》为准，具体分组方法见本书第三章第四小节。由于水源保护区范围与行政区划在空间上不完全匹配，所以研究选取镇-村两个行政区划尺度做了管制强度对受偿意愿的差异性分析。

从镇级尺度看（见表 5-13），管制强度越高的区域范围内受访者的受偿意愿越高，水源保护区内的受访农户对任意受偿方案的平均受偿意愿为 5 511.09 元/亩·年，而非水源保护区内的受访农户对任意受偿方案的平均受偿意愿为 1 099.14 元/亩·年。同时，管制强度的差异造成受访者对不同管制措施的受偿意愿存在显著差异，水源保护区内的受访者对种植水稻和使用有机缓释肥有显著的受偿意愿，在平均受偿意愿基础上，水源保护区受访者对限制种植水稻增加了 351.03 元/亩·年的受偿意愿，对要求使用有机缓释肥增加了 424.52 元/亩·年的受偿意愿；而非水源保护区内受访者对使用商品有机肥的受偿意愿显著更高，在平均受偿意愿基础上，非水源保护区受访者对要求使用商品有机肥增加了 347.54 元/亩·年的受偿意愿。

从村级尺度看（见表 5-14），与镇级尺度类似，管制强度越高的区域范围内受访者的受偿意愿越高，水源保护区内的受访农户对任意受偿方案的平均受偿意愿为 2 791.64 元/亩·年，而非水源保护区内的受访农户对任意受偿方案的平均受偿意愿为 1 982.80 元/亩·年，管制区内外的平均受偿意愿差距较小。同时，不同管制强度下受访者对耕地保护管制措施的受偿意愿也存在显著差异，水源保护区内的受访者对各项管制措施没有额外的受偿意愿；而非水源保护区内受访者对使用商品有机肥和有机缓释肥的受偿意愿显著更高，在平均受偿意

表 5-13　以镇划分水源保护区的空间分组混合 logit 回归估计结果

	属性变量	水源保护区 系数估计值	水源保护区 标准误	水源保护区 z 值	非水源保护区 系数估计值	非水源保护区 标准误	非水源保护区 z 值
固定变量参数	受偿意愿	0.000 3	0.000 2	1.62	0.000 8**	0.000 3	2.54
	替代常数项 ASC	1.818 7***	0.210 7	8.63	0.868 3***	0.306 8	2.83
随机参数的均值	种植水稻	0.115 8*	0.066 4	1.75	0.035 4	0.099 7	0.36
	深耕	−0.022 8	0.069 3	−0.33	−0.029 5	0.120 7	−0.24
	种植绿肥	0.079 5	0.091 1	0.87	0.074 8	0.142 8	0.52
	商品有机肥	0.132 7	0.083 5	1.59	0.274 6**	0.129 4	2.12
	有机缓释肥	0.140 1*	0.072 7	1.93	0.063 7	0.112 6	0.57
	维持地力不变	0.053 9	0.106 8	0.5	−0.203 1	0.169 1	−1.2
	提高地力 5%	0.076 9	0.089 3	0.86	0.150 4	0.137 9	1.09

续表

属性变量		水源保护区			非水源保护区		
		系数估计值	标准误	z 值	系数估计值	标准误	z 值
种植水稻		0.350 6**	0.161 6	2.17	0.084 0	0.325 8	0.26
深耕		0.120 6	0.392 0	0.31	0.584 5***	0.192 2	3.04
种植绿肥		0.945 3***	0.126 5	7.47	0.957 9***	0.187 6	5.11
随机参数的标准差	商品有机肥	0.501 7***	0.164 1	3.06	0.008 8	0.473 0	0.02
	有机缓释肥	0.137 0	0.259 4	0.53	0.085 4	0.428 0	0.2
	维持地力不变	0.632 0***	0.139 6	4.53	0.569 3**	0.225 2	2.53
	提高地力 5%	0.300 2	0.239 3	1.25	0.048 5	0.349 8	0.14
模型拟合信息	观测值	2 268			888		
	卡方检验值	1 026.826 22***			317.595 50***		
	AIC 信息准则	3 988.5			1 665.5		
	Pseudo R^2	0.206 053 2			0.162 774 7		

表 5-14　以村划分水源保护区的空间分组混合 logit 回归估计结果

属性变量		水源保护区			非水源保护区		
		系数估计值	标准误	z 值	系数估计值	标准误	z 值
固定变量参数	受偿意愿	0.000 8	0.000 3	0.24	0.000 6***	0.000 2	3.18
	替代常数项 ASC	2.093 7***	0.328 9	6.37	1.269 0***	0.203 0	6.25
随机参数的均值	种植水稻	0.140 2	0.105 5	1.33	0.072 7	0.064 0	1.14
	深耕	−0.052 0	0.108 3	−0.48	−0.022 1	0.071 1	−0.31
	种植绿肥	0.018 5	0.139 5	0.13	0.102 5	0.091 6	1.12
	商品有机肥	0.045 9	0.125 1	0.37	0.235 1***	0.083 8	2.8
	有机缓释肥	0.093 9	0.111 7	0.84	0.126 9*	0.072 9	1.74
	维持地力不变	0.126 1	0.157 2	0.8	−0.105 7	0.110 0	−0.96
	提高地力 5%	0.015 8	0.142 5	0.11	0.123 0	0.087 3	1.41

续表

属性变量		水源保护区			非水源保护区		
		系数估计值	标准误	z 值	系数估计值	标准误	z 值
种植水稻		0.481 7**	0.193 2	2.49	0.095 5	0.432 7	0.22
深耕		0.245 8	0.383 3	0.64	0.297 6	0.216 5	1.37
种植绿肥		0.947 5***	0.192 4	4.93	0.939 8***	0.123 1	7.63
随机参数的标准差	商品有机肥	0.328 3	0.324 5	1.01	0.424 6**	0.193 5	2.19
	有机缓释肥	0.064 2	0.584 3	0.11	0.150 8	0.305 7	0.49
	维持地力不变	0.311 8	0.350 1	0.89	0.715 4***	0.126 8	5.64
	提高地力 5%	0.425 2	0.308 3	1.38	0.116 8	0.247 6	0.47
模型拟合信息	观测值	954			2 202		
	卡方检验值	427.886 70***			907.880 34***		
	AIC 信息准则	1 700.3			3 962.4		
	Pseudo R^2	0.204 129 6			0.187 644 9		

愿基础上，非水源保护区受访者对要求使用商品有机肥增加了 367.27 元/亩·年的受偿意愿，对要求使用有机缓释肥肥增加了 198.25 元/亩·年的受偿意愿。

对比镇-村两个尺度的研究结果可以发现以下几点：

一是，受偿意愿会因管制强度存在空间异质性。从镇-村两个尺度的研究结果看，水源保护区和非水源保护区的受访者对耕地保护补偿的平均受偿意愿都存在显著差异，也即在耕地保护政策导向下采取了耕地利用限制，被管制对象的受偿意愿存在空间异质性，且这种异质性在镇-村两个尺度都存在。

二是，相较于村级区划，镇级区划是耕地保护补偿政策实施的更佳尺度。虽然村级区划是更贴近实际耕地保护管制范围的尺度，但可以发现在村级尺度上，水源保护区内外的受访者的平均受偿意愿差距显著小于镇级尺度，村级尺度甚至还出现保护区内受偿意愿不显著的情况，说明在镇级尺度，受访者的平均受偿意愿能更多体现出耕地保护政策下耕地利用受限的损失，在同等财政支出下，以镇级区划耦合耕地保护功能区进行补偿能实现更大的效用。

三是，肥料施用在不同尺度上都有显著的正向效用，且管制强度低的区域表现更为敏感，这说明当前阶段，通过补贴引导化肥品种选择实现更环保高效的培肥增产，效果会比其他措施更显著。由于上海市松江区以实行多年"三三制"，对深翻和种植绿肥采取奖补措施的边际效应逐步降低，受访者通过多年政策引导，已经改变生产行为，对采取深翻和种植绿肥的耕地保护补偿措施没有额外的受偿意愿。

综上分析，受偿意愿存在显著的空间异质性，且镇级尺度的异质性要强于村级尺度，管制强度低的区域内受访者对肥料选用更敏感。

（三）潜类别 logit 模型估计结果

潜类别模型是通过构建潜变量估计外显指标间的关联，并对目标人群分类，进而解释研究对象群体的异质性对于外显指标的影响，潜类别 logit 模型不需要像混合 logit 模型一样设定参数符合随机分布，且能通过分类识别不同类别人群的政策敏感度。前文通过混合 logit 模型回归结果可以发现深耕、种植绿肥、改变地力水平等指标均没有通过显著性检验，但是在交互项的混合 logit 回归中发现，部分涉及这几项指标的交互项能通过显著性检验，考虑到可能是外显指标存在一定非定量关联导致这种情况，为加强研究成果对政策制定的针对性和有效性，研究将基础混合 logit 模型中不显著的四个指标进行分类，其中，深耕和种植绿肥是过程导向的指标，地力水平的维持或提高是结果导向的指标，分类后分别进行潜类别模型回归，试图识别在耕地保护补偿中，是以过程导向还是以结果导向的补偿策略更有效。

模型通常在分类数 2 类到 4 类间进行估计，根据模型估计的 CAIC 和 BIC 值选择最优模型，往往值越小表明适配性越好，根据本研究调查数据的潜类别 logit 模型拟合情况，本研究调查数据的两类别分类是最优模型（见表 5-15）。

表 5-15　基于不同管理导向的多类别模型适配指标情况

分类数	基于过程管理导向 CAIC	基于过程管理导向 BIC	基于结果管理导向 CAIC	基于结果管理导向 BIC
2	5 769.4	5 754.4	5 779.7	5 764.7
3	5 820.8	5 797.8	5 836.3	5 813.3
4	5 869.4	5 838.4	5 901.5	5 870.5

基于过程管理导向的潜类别模型结果如表 5-16 所示，第一组基于过程管理的两项指标均通过显著性检验，在平均受偿意愿基础上，要求深耕和要求种植绿肥的受偿意愿分别为 398.11 元/亩・年和 86.26 元/亩・年，该组别人群占比 20.62%。第二组基于过程管理的两项指标中仅深耕通过了显著性检验，在平均受偿意愿基础上，要求深耕的受偿意愿为 873.63 元/亩・年，该组别人群占比 79.38%。

表 5-16　基于过程管理导向的潜类别模型分类结果

属性变量	第一类 系数估计值	第一类 标准误	第二类 系数估计值	第二类 标准误
种植水稻	30.111 4***	6.870 39	−0.067 74	0.074 88
深耕	62.451 0***	13.124 49	−0.454 29***	0.115 27
种植绿肥	13.531 0***	4.402 34	−0.022 78	0.076 69

续表

属性变量	第一类 系数估计值	标准误	第二类 系数估计值	标准误
商品有机肥	14.259 9***	4.203 45	0.219 56***	0.080 37
有机缓释肥	33.500 9***	6.357 15	0.066 02	0.070 82
受偿意愿	0.156 87***	0.032 26	−0.000 52*	0.000 28
替代常数项	−138.141***	29.644 49	2.248 13***	0.251 55
占比	0.206 19***	0.033 61	0.793 81***	0.033 61

基于结果管理导向的潜类别模型结果如表5-17所示，第一组基于结果管理的两项指标中仅要求提高地力5%通过了显著性检验，在平均受偿意愿基础上，要求提高地力5%的受偿意愿为556.28元/亩·年，该组别人群占比82.20%。第二组基于结果管理的两项指标均未通过显著性检验，说明结果管理导向的政策对这组人群缺乏有效性。

表5-17　基于结果管理导向的潜类别模型分组结果

属性变量	第一组 系数估计值	标准误	第二组 系数估计值	标准误
种植水稻	0.255 55***	0.072 07	−22.877 20	21.976 12
商品有机肥	0.187 21**	0.083 62	−0.123 15	1.108 67
有机缓释肥	0.003 01	0.072 89	23.959 70	21.897 39
维持地力不变	−0.148 24	0.109 03	23.823 40	21.806 77
提高地力5%	−0.255 89**	0.117 84	40.963 10	37.282 68
受偿意愿	−0.000 46	0.000 29	0.115 36	0.109 22
替代常数项	1.886 35***	0.225 44	−45.859 50	43.681 40
占比	0.822 03***	0.036 22	0.177 97***	0.036 22

综合两种不同导向下的潜类别logit回归结果看，可以发现：过程管理导向的政策比结果管理导向的政策对受访者有更显著的效果，过程管理导向下，综合两组潜类别人群，100%的受访者均对要求深耕有显著受偿意愿，综合受偿意愿为774.47元/亩·年，20.62%的受访者

对要求种植绿肥有显著受偿意愿；结果导向下，仅 82.20% 的受访者对要求提高地力 5% 有显著受偿意愿。说明对于耕地保护政策，明确的措施和限制在当前反而有更好的保护效果，针对明确的限制采取奖补和激励措施对实现耕地保护目标具有更大的边际效应。而基于结果的激励措施可设计合适政策引导对提高地力水平有显著受偿意愿的人群参与。事实上，松江区的耕地地力保险就是基于结果导向的耕地保护补偿政策，首期（2018 年）投保人数约占家庭农场总数六成，接近本研究中基于结果管理导向中对要求提高地力 5% 有显著受偿意愿的潜类别人群占比。

四、本章小结

（一）主要结论

为更好设计耕地保护的政策，本研究设计了耕地面积、耕地质量两大类方案，在耕地质量方案中，又分为存在经济收益的化肥施用和非经济收益的土壤肥力提升两种方案，非经济收益方案中区分了过程导向和结果两项两类。利用松江区家庭农场的 526 户有效调查问卷数据和选择实验分析方法，分析了受访农户对各类引导政策的偏好。得出以下结论。

首先，从整体看，受访农户对任意受偿方案的平均受偿意愿远高于现在实际的农地保护补贴投入水平。且在平均受偿意愿基础上，受限制的农户对限制种植水稻、要求在农地利用过程中使用商品有机肥或有机缓释肥等三项措施，有显著的受偿意愿，这说明在水稻种植和化肥施用政策上的财政投入存在较高边际效用，反映到制度设计上，意味着对水稻种植和化肥施用品种的限制均可设计为普惠性的补贴政策。目前，对水稻的各类补贴是全覆盖普惠制的，但对化肥施用仍采取奖补制，普惠制的化肥补贴可通过集配式服务提供商品有机肥和有机缓释肥给粮食种植者，让粮食种植者支付差额的肥料购置费用。另外，从受访者的个体特征和家庭特征看，耕地保护政策的受偿意愿存在显著的个体异质性，需要在政策设计中予以考虑。

其次，从空间看，不同管制强度下受访者的受偿意愿存在显著空间异质性。多尺度研究结果均表明，水源保护区内的受访者平均受偿意愿均显著高于水源保护区外的，说明管制强度的空间异质性是存在的，且管制强度越大，平均受偿意愿也越高。肥料施用在不同研究尺度上都有显著的正向效用，且管制强度低的区域表现更为敏感，特别是商品有机肥，不管在什么研究尺度，低管制强度区域（非水源保护区）内受访者均有显著受偿意愿。镇级是耕地保护政策实施的最佳尺度，而在该尺度下，要求种植水稻在高管制强度区域（水源保护区）内有显著受偿意愿，意味着管制强度越高，对于维持耕地面积的单位受偿标准也越高，现行纵向转移支付下以面积为转移支付标准的做法，没有考虑管制强度对受限对象受偿意愿的影响。通过考虑不同管制强度下受偿意愿的空间异质性，在镇级尺度实行横向转移支付或在纵向转移制度标准中考虑管制强度差异，能实现耕地保护的精准施策。

最后，从人群看，基于过程管理导向的政策有效人群覆盖面更广，可达到100%；基于结果管理导向的政策成本更低，根据潜类别模型的测算，基于结果管理导向的政策综合受偿意愿为457.26元/亩·年，而基于过程管理导向的政策综合受偿意愿为792.26元/亩·年。潜类别模型能基于潜在变量将受访群体进行分类，并识别出不同群体间受偿偏好的异质性，在混合logit模型中，不管是基于过程管理导向还是基于结果管理导向的方案都是没有显著受偿意愿的，但在潜类别模型中却有不同结论。通过潜类别模型回归结果可以发现，忽略潜在变量引发受偿意愿的异质性，在政策设计中会因不能更切合实际的反映现实情况而导致受访者个人福利估计的偏误。耕地保护政策中，既要考虑到土壤肥力的改善，又要发展生产力保持粮食供给，从受限人群分类偏好的角度制定耕地保护政策，可以在实现政策目标的同时更好地改善受限区农民的个体福利水平。

（二）几点建议

根据以上研究结论，提出以下建议：

一是，基于受访人群的平均受偿意愿，继续逐步加大耕地保护补偿力度。可以继续增加针对粮食种植的普惠性补贴，对有机肥施用可以逐步由"引导＋奖励"变为"强制＋补贴"。另外，基于个体受偿意愿的异质性可以发现，在应对当前种地农民老龄化和文化程度较低的问题时，如果要吸引受教育程度越高和越年轻的职业农民，需要更高的补偿水平进行匹配。

二是，基于强度差异的受偿意愿空间异质性，建立健全纵横交错的耕地保护补偿方式。对于不同管制强度的区域，建议以镇为单位执行差异化的纵向转移支付标准，在管制强度较高的镇时，应该实行更高的纵向转移支付标准，相反在管制强度较低的镇时，则应该实行相对较低的转移支付标准，可以通过管制强度设计补偿系数来实现。另外，在管制强度较低的镇时，除了适当降低补偿系数外，建议通过提高有机肥施用的补贴水平，作为政策补充。

三是，基于潜在的人群分类和管理措施分类，优化完善耕地保护补偿形式。区分普惠制补贴和奖励性补贴的适用范围，针对潜在人群分类，因类制宜实施差异化的耕地保护补偿制度，针对过程管理的政策，可加大普惠性供给，积极发挥补贴的边际效应；针对结果管理的政策，应更注重引导性，可继续加强松江区耕地地力保险的推广实施，进一步评估政策效果。

第六章

长三角地区耕地补偿机制的绩效评估

因为耕地有保障粮食安全、改善生态环境、实现社会稳定等多重功能，实现耕地面积和质量的双重保护离不开政府的各项奖补政策引导，通过奖补资金提高农民收入、避免耕地面积的过快减少、减少化肥农药的投入以降低耕地污染、提高耕地的地力水平，这些是耕地保护投入绩效的重要组成部分，支农效率的提升是耕地保护政策有效性的重要体现。支农效率提高不仅反映了财政资金得到有效配置，也蕴含了耕地保护手段的有效程度。因此，研究基于支农效率来衡量财政耕地保护补偿对地市级政府耕地保护产生的影响，进而判断这项制度创新，尤其是财政补偿机制和奖励扣罚机制能否促进地市级政府改善优化耕地保护行为，实现耕地保护的多重目标。研究评估对象包括长三角 41 个市级单元，量化分析包括三部分内容：首先，以各市涉农支出作为投入，耕地保护绩效指标作为产出，利用 DEA-Malmquist 指数模型测算各市耕地保护支出效率；其次，利用空间回归模型检验多时期的耕地保护政策是否存在空间效应，以及空间效应的大小；最后，根据耕地保护绩效指标构建耕地保护综合指数衡量 2005、2010、2015、2020 年四个时期各市耕地保护绩效，并基于此分析耕地保护政策的空间关联特征。

一、基于长三角地区耕地补偿实践的绩效分析

（一）耕地保护补偿政策绩效评价指标体系

通过梳理长三角各级政府已经出台的耕地保护政策，可以发现，耕地保护补偿的核心体现了三个目标，一是保持耕地面积，二是促进

农民增收，三是提高耕地质量。在多重目标下，生产性补贴是普惠性的，用于提高耕地保护的正外部性，包括提高农民收入，增加种地积极性；奖补类的政策是条件性的，用于降低耕地使用的负外部性，包括减少农药施用量，提高有机肥的施用范围等，以提高土壤肥力，减少土壤污染。研究选取了各地区年末耕地面积、农民居民可支配收入、化肥使用量、农药使用量四个指标来衡量耕地保护政策投入的绩效指标（见表6-1）。

表6-1　　　　　　　　耕地生态补偿政策绩效评价指标

政策分类	政策目标	对应绩效评价指标	作用方向
奖补制补贴	提高土壤肥力，减少污染等，以降低负外部性	化肥使用量 农药使用量	负向 负向
生产性补贴	提高农民收入，增加种地积极性，提高正外部性	耕地面积 农村居民可支配收入	正向 正向

（二）指标的描述性统计

研究对四个时期耕地保护投入和绩效指标进行描述统计分析（见表6-2）。可以看出：

（1）农村居民人均可支配收入随着耕地保护的投入，获得显著持续的增长，增长幅度持续扩大，但区域间差异也持续扩大，这可能与部分地区制定了区域性的耕地保护补偿政策有关。

（2）年末耕地面积虽然略有下降，但最小值和最大值均保持了持续的微小增幅，这在快速城镇化进程中强劲的耕地非农化驱动力下，与耕地保护补偿政策的实施有密切关系。

（3）化肥和农药的均值均呈现先增后降的趋势，化肥折纯量峰值出现在第三期，农药使用量峰值出现在第二期，但末期（2020年）均值均小于基期（2005年）均值，这说明耕地保护在农业生产的减肥减药上的作用具有一定滞后性。从各个指标多时期的变化趋势初步来看，长三角地区耕地保护补偿政策对耕地保护有积极效果。

表 6-2　　耕地保护补偿政策绩效评价指标的描述统计分析

单位：元、千公顷、万吨、亿元

年份	统计值	农村居民人均可支配收入	年末耕地面积	化肥折纯量	农药使用量	农林水支出
2005	平均值	4907.46	288.55	15.90	0.65	6.68
	标准误	322.32	31.06	1.78	0.05	0.74
	标准差	2 063.88	198.89	11.40	0.35	4.73
	最小值	2 085	17	0.42	0.04	0.72
	最大值	8 700	777	58.80	1.56	24.61
2010	平均值	9 049.90	284.65	17.31	0.67	24.44
	标准误	519.68	32.05	1.98	0.07	3.72
	标准差	3 327.57	205.24	12.65	0.42	23.79
	最小值	4 187	17.18	0.50	0.04	2.20
	最大值	14 657	780.49	59.30	2.23	151.93
2015	平均值	16 718.88	283.14	17.98	0.61	57.75
	标准误	910.27	32.09	1.97	0.06	6.73
	标准差	5 828.59	205.46	12.59	0.41	43.12
	最小值	9 001	17.17	0.43	0.05	6.02
	最大值	26 838	780.49	50.56	2.41	267.37
2020	平均值	25 347.51	281.35	15.88	0.46	73.51
	标准误	1 328.34	32.25	1.94	0.05	10.92
	标准差	8 505.52	206.53	12.44	0.33	69.90
	最小值	14 256	17.17	0.40	0.04	18.18
	最大值	39 801	780.49	54.40	1.78	473.80

二、模型构建

（一）耕地保护补偿政策效率测算

技术效率可以从投入和产出两个角度来衡量，在投入既定的情况下，技术效率由产出最大化的程度来衡量；在产出既定的情况下，技术效率由投入最小化的程度来衡量。DEA 有多种模型，如 CCR、BCC、SBM 等。CCR 模型和 BCC 模型只能横向比较决策单元在同一时间点的生产效率，DEA-Malmquist 指数模型则可以测度决策单元在不同时期间效率的动态变化，因此它可以分析面板数据，具有更广泛的应用性。本研究因涉及多年份面板数据，故构建 DEA-Malmquist 指数模型进行实证分析。

假设存在 n 个决策单元，每个决策单元在 t 期投入 m 种要素获得 s 种产出。$x_j^t = (x_{1j}^t, x_{2j}^t, \cdots, x_{nj}^t)^T$ 表示第 j 个决策单元在 t 期的投入指标，$y_j^t = (y_{1j}^t, y_{2j}^t, \cdots, y_{nj}^t)^T$ 表示第 j 个决策单元在 t 期的产出指标。

在规模报酬不变的情况下，(x^t, y^t) 在 t 期的距离函数为 $D_c^t(x^t, y^t)$，在 $t+1$ 期的距离函数为 $D_c^{t+1}(x^t, y^t)$；(x^{t+1}, y^{t+1}) 在 t 期的距离函数为 $D_c^t(x^{t+1}, y^{t+1})$，在 $t+1$ 期的距离函数为 $D_c^{t+1}(x^{t+1}, y^{t+1})$。

在规模报酬可变的情况下，(x^t, y^t) 在 t 期的距离函数为 $D_V^t(x^t, y^t)$，在 $t+1$ 期的距离函数为 $D_V^{t+1}(x^t, y^t)$；(x^{t+1}, y^{t+1}) 在 t 期的距离函数为 $D_V^t(x^{t+1}, y^{t+1})$，在 $t+1$ 期的距离函数为 $D_V^{t+1}(x^{t+1}, y^{t+1})$。

则从 t 期到 $t+1$ 期的 Malmquist 指数公式为：

$$M(x^t, y^t, x^{t+1}, y^{t+1}) = \left[\frac{D_c^t(x^{t+1}, y^{t+1})}{D_c^t(x^t, y^t)} \times \frac{D_c^{t+1}(x^{t+1}, y^{t+1})}{D_c^{t+1}(x^t, y^t)} \right]^{\frac{1}{2}}$$

由此可分解为技术效率变化指数 EFFCH 和技术进步变化指数 TECH：

$$EFFCH = \frac{D^{t+1}(x^{t+1}, y^{t+1})}{D^{t}(x^{t}, y^{t})},$$

$$TECH = \left[\frac{D^{t}(x^{t+1}, y^{t+1})}{D^{t+1}(x^{t+1}, y^{t+1})} \times \frac{D^{t}(x^{t}, y^{t})}{D^{t+1}(x^{t}, y^{t})}\right]^{\frac{1}{2}}$$

（二）耕地生态补偿政策的空间外溢效应

空间计量模型将空间相关性考虑到了传统的计量模型当中，就空间相关性而言，主要存在内生交互效应、外生交互效应和误差项之间的交互效应三种。空间回归模型（spatial autoregressive model，SAR）主要包含空间滞后回归（spatial lag model，SLM）、空间误差模型（spatial error model，SEM）、空间杜宾模型（spatial Durbin model，SDM）等。

空间滞后模型（SLM）模型设定为：

$$y = \rho W y + x \beta + \varepsilon$$
$$\varepsilon \sim N(0, \rho^2)$$

空间误差模型（SEM）模型设定为：

$$y = x\beta + u$$
$$u = \lambda W u + \varepsilon$$
$$\varepsilon \sim N(0, \sigma^2)$$

空间Durbin模型（SDM）模型设定为：

$$y = \rho W y + x\beta_1 + W x \beta_2 + \varepsilon$$
$$\varepsilon \sim N(0, \sigma^2)$$

模型中W_y表示因变量之间的内生交互效应，W_x表示自变量之间的外生交互效应，W_u表示不同单元间的随机扰动项之间的交互效应，ρ表示空间自回归系数，λ表示空间自相关系数，β_1和β_2都是一个$K \times 1$阶的向量，它们是固定但未知的系数。W表示空间权重矩阵，是一个$N \times N$的矩阵，N代表空间单元的个数。μ和ε代表随机扰动项，其中ε服从均值为0，方差为σ^2的分布。

最终模型的选择遵循以下原则：首先在不考虑任何空间相关性的基础上，利用 LM 检验或者稳健的 LM 检验判断因变量或残差项是否存在空间自相关；然后对 SDM 模型的两个假设 H_0：$\gamma=0$ 和 H_0：$\gamma+\delta\beta=0$ 进行 Wald 检验和 LR 检验。若第一个假设无法被拒绝且被解释变量具有空间相关性，选择 SLM 模型；如果第二个假设未被拒绝且残差项存在空间自相关，则选择 SEM 模型；若两个假设均被拒绝，则选择 SDM 模型。

另外采用莫兰指数（Moran's I）对耕地生态补偿政策是否存在空间相关性进行效验，计算公式如下：

$$I=\frac{n}{\sum_{i=1}^{n}\sum_{j=1}^{n}W_{ij}}\times\frac{\sum_{i=1}^{n}\sum_{j=1}^{n}W_{ij}(x_i-\bar{x})(x_j-\bar{x})}{\sum_{j=1}^{n}(x_i-\bar{x})}$$

其中 n 为研究区域内空间单元的总数，x_i 和 x_j 分别是空间单元 i 和 j 的观测值，n 个空间单元观测值的均值为 $\bar{x}$，W 是研究范围内每一个空间单元 i 和 j 的空间权重矩阵，i 与 j 相邻时权重为 1，不相邻时权重为 0。本研究选取耕地生态补偿政策的综合绩效指标作为检验耕地生态补偿政策是否存在空间外溢的指标，综合绩效指标选取研究中广泛使用的熵权法进行计算。同时，为了探索各市与邻近市的耕地生态保护绩效的空间关联特征，选取局部莫兰指数（Local Moran's I）进行空间局部自相关分析，并以 LISA 图的形式进行展示。

三、实证结果分析

（一）耕地保护补偿政策投入效率测算

利用 DEAP-xp1 软件进行耕地保护补偿政策投入效率测算。在模型设定上，虽然耕地保护的投入和绩效指标均在变化，但耕地保护政策的导向更偏向于在一定的财政预算约束下实现更好的保护效果，而非锚定一定的保护效果来实现财政投资的减少，在当前我国农业高质量发展背景下，化肥农药的减量化目标要求仍在不断提高，农民增收仍是当前各项相关政策关注的重点之一，粮食安全任务下坚守耕地面积红线仍不会放松，所以本研究认为耕地保护补偿政策投入效率测算模型设定为产出导向更合适。另外各市的经济、财政投入、农业产出率等各项指标均在多时期序列下是不断变化的，所以模型设定为规模可变更符合实际情况。综合上述分析，模型最终设定为产出导向下的规模报酬可变模型，在效率测度中，将 2005—2020 年长三角三省一市共 41 个市级单位的年末耕地面积、农村居民人均可支配收入、化肥折纯量和农药使用量定义为输入项，农林水支出定义为输出项。

长三角地区的总体效率变化情况如表 6-3 所示，四个时期三个时间段的全要素生产率呈现逐渐上升趋势，说明财政投入在近二十年间对耕地保护是有效率的，同时从各个指标的变化趋势可以看出，技术变动和耕地保护效率有很大的相关性，即技术是影响耕地保护效果的重要因素。这里的技术广泛涉及提高生产力的相关技术，如种植茬口安排、化肥农药的合理施用和本身效用的改进、农作物产量的提升等。所以要促进耕地保护效率的持续提升还需要不断提升农业科技水平的进步。另外，可以看出规模效率也在不断提升，2015—2020 年间规模效率超过 1，由规模效率递减变为规模效率递增；在 2005—2015 年间的规模报酬递减状态，说明投入指标的变化引起了耕地保护效率的损失。

表 6-3　　基于 DEA-Malmquist 指数的全要素产生率及其分解

年份	技术效率 effch	技术变动 techch	纯技术效率变化 pech	规模效率变化 sech	全要素生产率 tfpch
2005—2010	0.883	0.386	1.062	0.831	0.341
2010—2015	1.039	0.457	1.046	0.993	0.475
2015—2020	1.456	0.573	0.989	1.472	0.835

从三省一市的平均水平看（见表 6-4），上海市全要素生产率是最高的，安徽省最低，但从规模效率变化看，浙江省和江苏省整体规模报酬递增，上海在技术变动上最高。可以看出，技术驱动是上海市耕地保护补偿效率高的关键因素。（41 个市的全要素产生率及其分解情况见附录Ⅲ。）

表 6-4　　长三角地区省级耕地保护补偿的全要素产生率及其分解

地区	技术效率 effch	技术变动 techch	纯技术效率变化 pech	规模效率变化 sech	全要素生产率 tfpch
安徽省	1.000	0.338	1.000	1.000	0.338
江苏省	1.148	0.377	1.000	1.148	0.433
上海市	1.000	0.579	1.000	1.000	0.579
浙江省	1.171	0.427	1.000	1.171	0.500
平均值	1.077	0.421	1.000	1.077	0.454

（二）基于空间回归模型的耕地保护补偿政策效果

在上节研究得到长三角地区耕地保护效率在整体在提升的结论下，研究进一步研究耕地补偿的政策效果，为支撑耕地保护补偿制度创新，研究首先利用四个关键节点（2005年、2010年、2015年和2020年）的数据进行普通最小二乘线性回归模型（OLS）分析。研究选择年末耕地面积、农村居民人均可支配收入、化肥折纯量和农药使用量作为农林水支出的自变量，是否有耕地生态保护补偿政策作为虚拟变量。经过模型回归信息（见表6-5），四个时间节点的回归模型R方均通过显著性检验，说明四个四期的回归拟合效果均较好。

根据回归结果可以发现：

（1）耕地保护补偿对保障耕地面积的政策目标有较好的效果，该指标四个年份的回归都通过了显著性检验，但是从系数变化趋势看，财政投入对保障耕地面积不减少的边际效益在逐步下降。

（2）耕地保护补偿对提高农村居民人均可支配收入的政策目标在前期有较好效果，且边际效应逐步增加，虽然2020年系数显著下降且没有通过显著性检验，但这种变化可能是受到外部环境异常变化（疫情）的影响。

（3）额外的耕地生态保护补偿政策在2010年的时候显示出显著作用，但在更广泛区域实施后反而作用不显著，这可能与政策的边际效应下降过快或政策实施方式有密切关系。

根据本书第三章中对长三角地区耕地生态保护政策的梳理可以发

表 6-5　长三角地区主要年份耕地保护补偿政策效果 OLS 回归结果

变量	2005 年 系数	2005 年 标准误	2010 年 系数	2010 年 标准误	2015 年 系数	2015 年 标准误	2020 年 系数	2020 年 标准误
常数项	−5.315**	2.595 6	−10.022***	2.457 2	−11.383***	2.303 2	−2.927	4.207 4
lnincome	0.507**	0.216 3	1.084***	0.227 3	1.223***	0.218 1	0.489	0.413 3
lnfar	0.781***	0.231 2	0.645***	0.197 9	0.699***	0.141 6	0.400**	0.171 5
lnfer	−0.521***	0.185 9	−0.129	0.165 5	−0.140	0.134 1	0.012	0.159 6
lnpes	0.277	0.202 4	0.082	0.162 2	0.002	0.152 6	0.017	0.182 4
policy			1.160***	0.357 5	0.344	0.263 7	0.208	0.267 2
R 方	0.550 2***		0.679 2***		0.687 2***		0.401 3***	
AIC	63.258 3		58.967 2		48.746		63.269 3	
SC	71.826 1		69.248 6		59.027 5		73.550 7	

现，长三角 41 个城市的耕地生态保护政策在实施中存在显著的做法分化，对应到本节中 2020 年广泛政策实施下政策效果反而不显著的原因，可能有两点：一是，补贴增量的差异。如，浙江省 2016 年在全省范围内推行了耕地生态保护补偿政策，但有的市在省级补偿 30 元/亩·年的基础上做了较大的市级财政配套，如杭州市最高能达到 600 元/亩·年，有的市则仅执行落实了省级财政补贴标准，有的市则做了一定的市级配套，如宁波市等。二是，补贴方式的差异。如，江苏省虽然在 2015—2020 年间陆续都落实了耕地生态保护补偿政策，但除苏州市的补偿对象为户外，江苏省内其他城市的补偿对象大多为镇村。

研究选取 2020 年的数据验证这两点差异对政策效果的影响，将不区分政策标准和对象、区分对象、区分标准和对象进行政策效果比较，三类政策效果的分类回归结果见表 6-6，可以发现区分对象的作用是显著的，区分标准的作用效果不显著，说明补偿到户的政策效果较为显著，而高增量的补偿金额不是必要条件。

表 6-6　长三角地区 2020 年耕地补偿分类政策效果回归模型估计情况

变量	不区分 系数	不区分 标准误	补偿到户 系数	补偿到户 标准误	额外增量＋补偿到户 系数	额外增量＋补偿到户 标准误
常数项	−2.927	4.207 4	−0.643	2.797 0	−0.907	2.810 1
lnincome	0.489	0.413 3	0.120	0.297 5	0.179	0.292 8
lnfar	0.400**	0.171 5	0.505***	0.149 9	0.500***	0.151 3
lnfer	0.012	0.159 6	0.178	0.149 6	0.106	0.145 4
lnpes	0.017	0.182 4	−0.248	0.180 4	−0.190	0.175 8
policy	0.208	0.267 2	0.754***	0.238 3	0.692***	0.229 2
R 方	0.401 3***		0.526 5***		0.516 8***	
AIC	63.269 3		53.649 8		54.486 7	
SC	73.550 7		63.931 3		64.768 1	

存在空间效应是耕地保护建设横向补偿制度的关键依据。按照空间计量经济学建模的实证分析流程（姜磊，2016），研究对四个关键节点（2005 年、2010 年、2015 年和 2020 年）的耕地保护绩效进行 OLS 回归后需要检验其空间效应，以判断是否存在空间效应。首先看 Moran 指数（误差），如果通过显著性检验，则表明存在空间依赖性，

需要建立空间回归模型以实现模型优化；进一步看拉格朗日检验结果，拉格朗日检验的主要统计指标为 LM（lag）和 LM（error），若只有 LM（error）指标通过显著性检验，则选择空间误差模型（SEM），只有 LM（lag）指标通过显著性检验，则选择空间滞后模型（SLM），若两个指标均通过显著性检验，则进行拉格朗日稳健性检验；拉格朗日稳健性检验的主要统计指标为 Robust LM（lag）和 Robust LM（error），若只有 Robust LM（lag）指标通过显著性检验，则选择空间误差模型（SEM），只有 Robust LM（error）指标通过显著性检验，则选择空间滞后模型（SLM），若两个指标均通过显著性检验，则选择空间杜宾模型（SDM），若两个指标均未通过显著性检验，则在空间误差模型（SEM）和空间滞后模型（SLM）中根据模型拟合效果进行选择。本研究四个时间节点的空间模型检验结果见表6-7。

从 Moran 指数（误差）看，2005 年地区间数据没有空间依赖，OLS 就是最优模型；2010 年、2015 年和 2020 年的 Moran 指数（误差）均通过显著性检验，说明执行耕地生态补偿政策后，地区间出现空间依赖，需要选取空间回归模型进行回归分析，引入空间效应的模型应该比 OLS 模型具有明显的优势。根据空间回归模型的判断流程及原则，初步判断 2015 年和 2020 年的最优模型设定为空间滞后模型（SLM），但各节点的最优模型还需要结合模型拟合参数进一步判断。检验的关键指标是 AIC（赤池信息准则）和 SC（施瓦茨准则），这两个指标值越小说明模型拟合效果越好。对四个主要年份分别进行多模型设定的回归，结合空间效应检验指标和 AIC、SC 值可以看出，OLS 模型对 2005 年具有更好的解释效果，SEM 模型对 2010 年和 2015 年具有更好的解释效果，SDM 模型对 2020 年具有更好的解释效果。

从 2005 年的模型估计结果（具体见表6-8）看，在实施耕地生态补偿政策前，耕地保护补偿在地区间不存在显著的空间溢出效应，农林水投入每增加1%，农村居民可支配收入能增加 0.507%，化肥施用量能减少 0.521%。农林水财政投入与农村居民可支配收入、年末耕地面积、绿色生产指标的作用方向符合预期。

从 2010 年的模型估计结果（具体见表6-9）看，实施耕地生态补偿政策后，耕地保护补偿在地区间存在显著的空间溢出效应。在三个空间模型中，空间误差模型（SEM）的 AIC 值 61.090 9 和 SC 值

表 6-7　多时期耕地保护政策效果的空间回归模型检验结果

检验指标	2005 年 统计值	2005 年 P 值	2010 年 统计值	2010 年 P 值	2015 年 统计值	2015 年 P 值	2020 年 统计值	2020 年 P 值
Moran's I (error)	0.407 3	0.683 8	3.248 8	0.001 2	4.270 0	0.000 0	3.232 1	0.001 2
LM (lag)	1.166 5	0.280 1	4.325 8	0.037 5	5.669 4	0.017 3	2.712 9	0.099 5
Robust LM (lag)	3.164 9	0.075 2	0.143 3	0.705 0	0.001 8	0.966 1	0.577 6	0.447 3
LM (error)	0.042 1	0.837 5	5.123 5	0.023 6	10.143 0	0.001 5	5.192 4	0.022 7
Robust LM (error)	2.040 5	0.153 2	0.941 1	0.332 0	4.475 4	0.034 4	3.057 1	0.080 4

表 6-8　2005 年地市级耕地保护政策效果的多模型估计结果

变量	OLS 系数	OLS 标准误	SLM 系数	SLM 标准误	SEM 系数	SEM 标准误	SDM 系数	SDM 标准误
常数项	−5.315**	2.595 6	−5.905**	2.454 9	−4.710**	2.193 6	−3.161	3.004 2
lnincome	0.507**	0.216 3	0.611***	0.219 0	0.467***	0.179 5	0.439	0.341 3
lnfar	0.781***	0.231 2	0.839***	0.214 5	0.771***	0.206 2	1.163***	0.222 0
lnfer	−0.521***	0.185 9	−0.590***	0.170 2	−0.600***	0.172 4	0.098	0.185 7
lnpes	0.277	0.202 4	0.233	0.187 8	0.295	0.181 7	−0.202	0.189 0
wlninput			−0.260	0.208 5			−0.040	0.204 1
λ					−0.219		0.240 8	
wlnincome							−0.229	0.463 9
wlnfar							0.242	0.511 0
wlnfer							−1.771***	0.515 5
wlnpes							0.538	0.393 4
R 方	0.550 2***		0.571 574		0.557 0		0.776 41	
AIC	63.258 3		63.832 8		63.038 9		44.613 7	
SC	71.826 1		74.114 3		71.606 8		61.749 5	

表 6-9　2010 年地市级耕地保护政策效果的多模型估计结果

变量	OLS 系数	OLS 标准误	SLM 系数	SLM 标准误	SEM 系数	SEM 标准误	SDM 系数	SDM 标准误
常数项	−12.337***	2.644 4	−10.525**	2.647 1	−11.336***	3.334 7	−5.884*	3.420 4
lnincome	1.320***	0.242 2	1.068***	0.262 3	1.096***	0.322 8	0.661	0.496 2
lnfar	0.701***	0.221 7	0.599***	0.207 8	0.782***	0.205 4	0.838***	0.243 4
lnfer	−0.153	0.185 9	−0.080***	0.165 8	0.052	0.148 1	0.343*	0.193 2
lnpes	0.084	0.182 4	0.135	0.165 5	−0.034	0.162 0	−0.096	0.180 7
wlninput			0.290	0.164 5			0.488***	0.160 9
λ					0.639***	0.135 9		
wlnincome							−0.085	0.663 9
wlnfar							−0.092	0.562 2
wlnfer							−1.008*	0.563 8
wlnpes							0.310	0.387 4
R 方	0.582 7***		0.622 8		0.683 4		0.736 1	
AIC	67.751 0		66.411 7		61.090 9		61.444 3	
SC	76.318 8		76.693 2		69.658 7		78.580 1	

69.658 7 均是最小的，据此认为 SEM 模型是最优的空间模型设定。SEM 模型中空间误差估计参数 λ 为 0.639，且通过显著性检验，说明城市间的耕地保护补偿投入存在显著的空间依赖，相邻城市的农林水投入增加 1%，本城市的农林水投入将增加 0.639%。从表 6-8 的回归结果看，农林水投入每增加 1%，农村居民可支配收入能增加 1.096%。农林水财政投入与农村居民可支配收入、年末耕地面积、绿色生产指标的作用方向符合预期。

2015 年的模型估计结果（具体见表 6-10）与 2010 年的类似，耕地保护补偿在地区间存在显著的空间溢出效应。在三个空间模型中，空间误差模型（SEM）的 AIC 值 37.1597 和 SC 值 45.727 5 均是最小的，据此认为 SEM 模型是最优的空间模型设定。SEM 模型中空间误差估计参数 λ 为 0.723，且通过显著性检验，说明城市间的耕地保护补偿投入存在显著的空间依赖，相邻城市的农林水投入增加 1%，本城市的农林水投入将增加 0.723%。从表 6-10 的回归结果看，农林水投入每增加 1%，农村居民可支配收入能增加 1.103%。

从 2020 年的模型估计结果（具体见表 6-11）看，在三个空间模型中，空间杜宾模型（SDM）的 AIC 值 53.618 1 是最小的，虽然和 SC 值 70.753 9 略大于 SEM 模型的 64.512 6，但模型的 R 方为 0.627 41，是三个模型中最大的，所以认为 SDM 模型是最优的空间模型设定，根据空间效应分解模型 $Y=aWY+bX+cWX$，a 代表总效应也就是平均影响，b 代表直接效应，c 代表间接效应也即临近地区的空间溢出影响。根据表 6-10 的回归情况表看，农林水财政投入的总空间效应为 0.422，也即各自变量间平均的空间溢出效应为 0.422；农林水投入每增加 1%，年末耕地面积能增加 0.482%，化肥施用量反而增加 0.616%；而相邻城市的空间溢出效应在化肥施用量上通过显著性检验，说明相邻城市化肥施用量的减少反而会促使本城市加大对农林水的财政投入。

根据四个关键节点的回归模型结果，可以发现以下几点：

一是，耕地生态保护补偿政策实施后，耕地保护效果出现空间效应。耕地生态保护效果的空间效应自 2010 年开始出现，相邻城市的农林水投入情况会对本市投入情况有显著刺激作用。这种外溢作用到 2020 年发展为单项耕地保护效果的指标会对本市投入情况有显著的正

表 6-10　2015 年地市级耕地保护政策效果的多模型估计结果

变量	OLS 系数	OLS 标准误	SLM 系数	SLM 标准误	SEM 系数	SEM 标准误	SDM 系数	SDM 标准误
常数项	−12.241***	2.228 9	−11.336***	2.096 7	−11.186***	2.588 0	−3.292	3.168 5
lnincome	1.302***	0.211 7	1.097***	0.220 2	1.103***	0.258 9	0.962***	0.357 7
lnfar	0.730***	0.140 9	0.691**	0.127 8	0.788***	0.106 2	0.894***	0.125 5
lnfer	−0.160	0.134 5	−0.111	0.118 2	0.031	0.101 1	0.219	0.138 3
lnpes	−0.010	0.153 8	−0.016	0.135 4	−0.131	0.120 9	−0.135	0.137 5
wlninput			0.296**	0.144 1			0.571***	0.145 1
λ					0.723***	0.114 2		
wlnincome							−0.604	0.531 4
wlnfar							−0.378	0.367 4
wlnfer							−0.672*	0.398 7
wlnpes							0.290	0.270 2
R方	0.672 0***		0.711 3		0.788 2		0.811 9	
AIC	48.693 4		46.298 7		37.159 7		39.461 3	
SC	57.261 2		56.580 2		45.727 5		56.597 0	

表 6-11　2020 年地市级耕地保护政策效果的多模型估计结果

变量	OLS 系数	OLS 标准误	SLM 系数	SLM 标准误	SEM 系数	SEM 标准误	SDM 系数	SDM 标准误
常数项	−5.475**	2.620 7	−5.908**	2.386 1	−5.788*	3.068 2	2.289	3.331 6
lnincome	0.745***	0.248 9	0.702***	0.235 8	0.711**	0.303 6	0.398	0.433 1
lnfar	0.432**	0.165 6	0.390**	0.153 4	0.428***	0.138 6	0.482***	0.149 3
lnfer	0.023	0.158 1	0.078	0.144 0	0.265**	0.130 6	0.616***	0.170 7
lnpes	0.006	0.180 8	0.024	0.164 8	−0.031	0.157 2	−0.021	0.167 0
wlninput			0.227	0.181 0			0.422**	0.169 2
λ					0.590***	0.147 2		
wlnincome							−0.619	0.599 4
wlnfar							0.385	0.431 2
wlnfer							−1.521***	0.483 0
wlnpes							0.119	0.327 9
R方	0.391 0***		0.425 3		0.521 4		0.627 41	
AIC	61.970 2		62.075 4		55.944 8		53.618 1	
SC	70.538		72.356 8		64.512 6		70.753 9	

向作用。

二是，耕地保护的多重目标难以全面兼顾。耕地保护有提高产量、改善农民生活条件和保护生态环境的多重目标，从关键年份的回归模型结果可以发现，提高产量和改善农民生活条件的指标相对稳定的一直具有显著性作用，但是保护生态环境的指标仅有两个年份的化肥施用量有显著性作用，农药施用量在四个节点的回归模型中都没有显著性作用。说明对于耕地保护中保护生态环境目标在多年的耕地保护政策实施中长期未予满足，也反映出当前的耕地保护政策设计中对改善生态环境的引导和考核明显不足。提高产量、改善农民生活条件对当前社会的稳定具有更重要和更直接的现实意义，而改善生态环境更多的对代际间的公平有重要意义，在财政投入有限的情况下，多重政策目标的实现中最先被忽视的往往是改善生态环境。

三是，当前耕地保护补偿政策效果受实施方式影响较大，补偿到户的方式有更显著的政策效果。根据四个时期的OLS回归模型结果，耕地保护补偿政策仅在2010年有显著的作用，在2015年和2020年都没有显著的作用，说明政策的边际效应下降很快。另外根据政策补偿标准和补偿对象，对耕地保护补偿进行分类效果的验证，发现补偿到户比补偿到村镇有更显著的政策效果，而补偿的增量大小对政策效果则没有显著性差别。

（三）耕地补偿政策的空间作用及演进分析

上一节中研究验证了耕地保护补偿政策具有显著的空间效应，也定量分析了不同时间节点上空间效应的作用大小，但空间效应的作用特征却无法通过空间回归模型获取。为研究邻近城市间耕地生态保护政策的空间关联特征，研究利用熵权法计算出2005、2010、2015和2020年四个主要年份的政策效果综合指数，并以此为基础进行政策效果空间特征的分析。四个年份政策效果综合指数计算结果见表6-12。

从表6-12可以看出，长三角三省一市范围内所有城市的政策综合效果都是逐期上升的，测算结果的逐期变化趋势与耕地生态补偿政策投入效率表现出一致性，进一步验证了耕地保护政策的有效性。

表 6-12　　基于熵权法的长三角耕地保护政策综合指数

地区		2005	2010	2015	2020
安徽省	安庆市	0.2579	0.2826	0.3511	0.4322
	蚌埠市	0.2741	0.2992	0.3688	0.4568
	亳州市	0.3833	0.4137	0.4746	0.5497
	池州市	0.1731	0.2065	0.2783	0.3543
	滁州市	0.4420	0.5169	0.5588	0.6374
	阜阳市	0.4156	0.4325	0.4910	0.5667
	合肥市	0.2695	0.3068	0.4015	0.5192
	淮北市	0.2014	0.2335	0.2850	0.3553
	淮南市	0.1797	0.2106	0.2318	0.3082
	黄山市	0.1536	0.1937	0.2563	0.3389
	六安市	0.4130	0.4379	0.5025	0.5739
	马鞍山市	0.1709	0.2309	0.3144	0.4305
	宿州市	0.3562	0.3643	0.4157	0.4770
	铜陵市	0.1313	0.1761	0.2189	0.2998
	芜湖市	0.1921	0.2202	0.3232	0.4350
	宣城市	0.2291	0.2658	0.3334	0.4167
江苏省	常州市	0.2526	0.3220	0.4389	0.5725
	淮安市	0.3430	0.3771	0.4461	0.5406
	连云港市	0.2788	0.3152	0.3853	0.4716
	南京市	0.2571	0.3196	0.4263	0.5757
	南通市	0.3684	0.4200	0.5133	0.6213
	苏州市	0.2968	0.3654	0.4915	0.6241
	宿迁市	0.3167	0.3436	0.4182	0.5133
	泰州市	0.2778	0.3347	0.4296	0.5231
	无锡市	0.2467	0.3049	0.4200	0.5748
	徐州市	0.4119	0.4406	0.5237	0.6305
	盐城市	0.4600	0.5090	0.6105	0.7069
	扬州市	0.2818	0.3340	0.4230	0.5312
	镇江市	0.2322	0.2991	0.4054	0.5165

续表

地区		2005	2010	2015	2020
上海市	上海市	0.303 3	0.329 1	0.455 5	0.590 2
浙江省	杭州市	0.244 9	0.316 6	0.478 4	0.644 9
	湖州市	0.232 7	0.306 9	0.451 1	0.616 9
	嘉兴市	0.280 9	0.352 5	0.509 0	0.676 6
	金华市	0.216 3	0.270 7	0.400 0	0.535 3
	丽水市	0.165 1	0.203 1	0.309 4	0.419 6
	宁波市	0.268 6	0.346 9	0.498 1	0.665 9
	衢州市	0.165 3	0.213 7	0.328 0	0.443 1
	绍兴市	0.246 4	0.320 2	0.469 7	0.636 8
	台州市	0.225 7	0.283 7	0.408 7	0.548 1
	温州市	0.236 4	0.285 7	0.407 0	0.548 3
	舟山市	0.182 3	0.270 4	0.415 4	0.580 1

但是从分省数据看（见图6-1），虽然2005年浙江省平均耕地保护政策效果综合指数是最低的（0.224 1），但到政策效果监测末期2020年综合指数已升至第二位（0.574 1），仅低于上海市的0.590 2，浙江省耕地保护政策效果的增长率是四个地区最高的，这与浙江省践行绿水青山就是金山银山的两山理念发展经济、实践生态文明建设有密切关系。江苏省在数据监测的前三个时间节点上耕地保护政策效果综合指数一直位列第一位，但是其领先优势在不断丧失，至2020年排位下降至第三位，而反超的上海市和浙江省则均是实施了补偿到户的耕地保护补偿政策的地区，这也从侧面说明耕地保护生态补偿政策能显著提升耕地保护政策效果。另外，从数据和变化趋势看，安徽省在2005和2010年耕地保护效果综合指数一直排位在中段，但2015年和2020年均为最后一位，对比另外三个地区在耕地生态保护政策中采取的措施，反映安徽省在政策实施中可能存在两个方面的不足：一是保护的资金投入不足，根据公开资料，安徽省在耕地生态保护补偿政策实施中没有增量投入，补偿到户或到村镇政府的行为均没有实施；二是保护的导向不足，安徽省整体经济发展水平低于另外三个地区，加

之其是我国 13 个粮食主产区之一，其在耕地生态保护补偿政策的多重目标中，可能更多的关注耕地面积保持和农村居民可支配收入的增加，其较其他三个地区而言对代际间的公平性考虑更少。

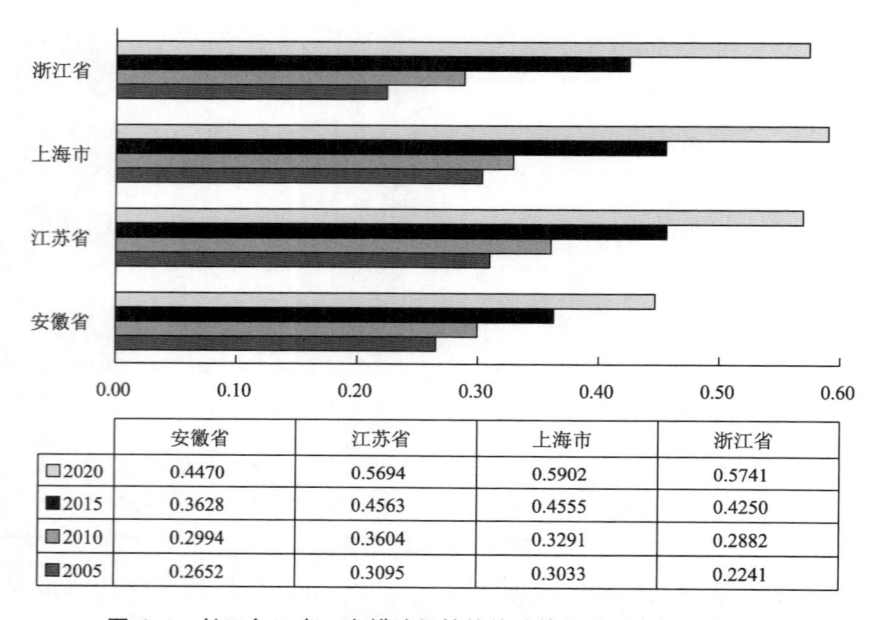

	安徽省	江苏省	上海市	浙江省
2020	0.4470	0.5694	0.5902	0.5741
2015	0.3628	0.4563	0.4555	0.4250
2010	0.2994	0.3604	0.3291	0.2882
2005	0.2652	0.3095	0.3033	0.2241

图 6-1　长三角三省一市耕地保护补偿政策效果综合指数变化图

利用长三角地区耕地保护补偿政策效果综合指数计算全局莫兰指数（结果见图 6-2），可以发现综合政策效果的空间关联性呈整体上升趋势，虽然 2010 年和 2015 年的全局莫兰指数较 2005 年略有下滑，但 2020 年的空间关联性较 2005 年有显著提升，这说明长三角各市耕地保护政策效果间的相关影响在近二十年间整体加强。

为验证全局各个时期的全局莫兰指数是否通过显著性检验，选取 999 次随机抽样试验，进而获取各个时期莫兰指数对应的 p 值和 Z 值，计算结果如表 6-13 所示。可以看出，四个主要时间节点的全局莫兰指数 p 值均小于 0.01，均通过显著性检验，各时期均存在全局自相关。

由于全局莫兰指数无法反映各城市与其邻近城市耕地保护政策效果的空间关联特征，因此利用四个主要时间节点的耕地保护政策效果综合指数计算局部莫兰指数，通过绘制局部空间关联效应的 LISA 图，发现每个节点均有不少城市在空间上表现出较强的俱乐部效应，即综

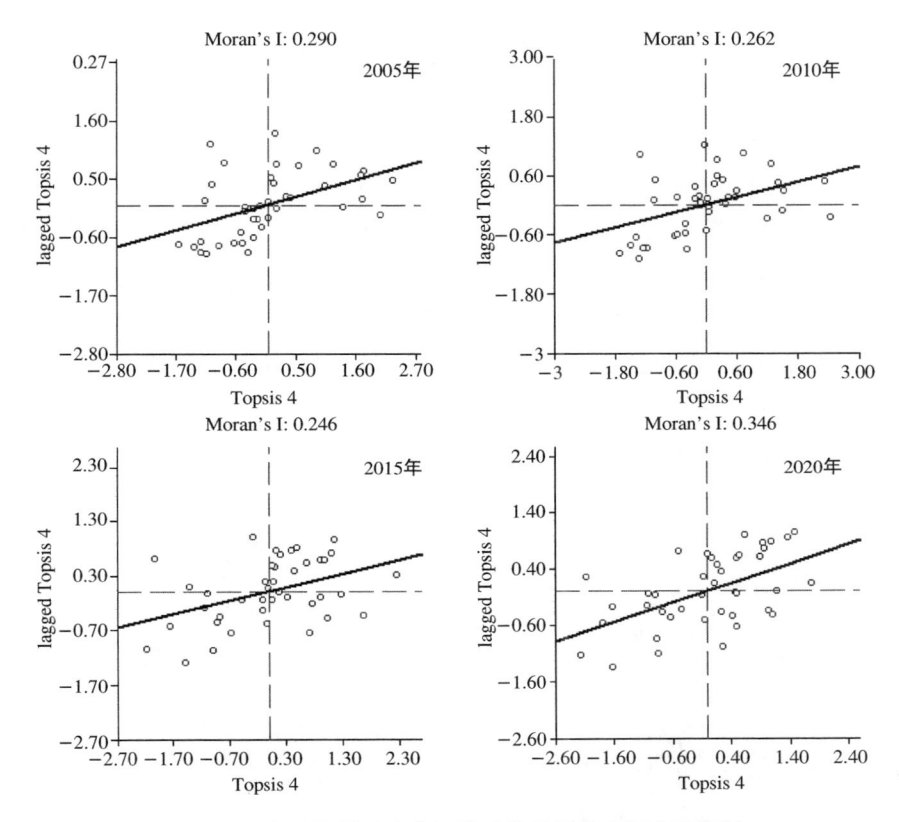

图 6-2　多时期耕地生态保护政策效果的空间莫兰指数

表 6-13　多时期耕地生态保护政策效果的空间莫兰指数显著性检验

年份	莫兰指数	p 值	平均值	标准差	Z 值
2005	0.290 3***	0.002 0	−0.027 1	0.097 7	3.248 9
2010	0.261 9***	0.002 0	−0.024 3	0.097 6	2.933 0
2015	0.245 7***	0.003 0	−0.023 0	0.098 6	2.726 7
2020	0.346 1***	0.001 0	−0.020 7	0.098 5	3.723 6

合指数高的城市被综合指数高的城市所包围（高高集聚，HH），综合指数低的城市被综合指数低的城市所包围（低低集聚，LL）；而低高集聚（LH）和高低集聚（HL）的城市较少。

从图 6-3 可知，长三角地区城市间的局部空间依赖性非常明显，存在空间依赖的城市数量变化为 12→11→11→12，虽然发生聚集的空间分布有所变化，但数量相对稳定，说明长三角区域内 41 个城市间一直存在相对稳定的空间依赖。且从四个时期的局部空间集聚的演进趋势看，耕地保护政策在城市间的正向空间外溢效应在不断增强。四个时期，高高聚集（HH）的城市数量变化为 3→3→6→6，而低低集聚（LL）的城市数量变化为 8→6→4→4，耕地保护政策的正外溢效应在不断增强。从聚集发生的区位看，高高聚集（HH）的发生呈现出从分散向聚集的变化趋势，且聚集区域呈现从北向南移动趋势；低低集聚（LL）的城市由南向北逐步减少，减少的城市均为浙江省所辖，说明浙江省的耕地生态保护政策发挥了积极的外部效应；低高集聚

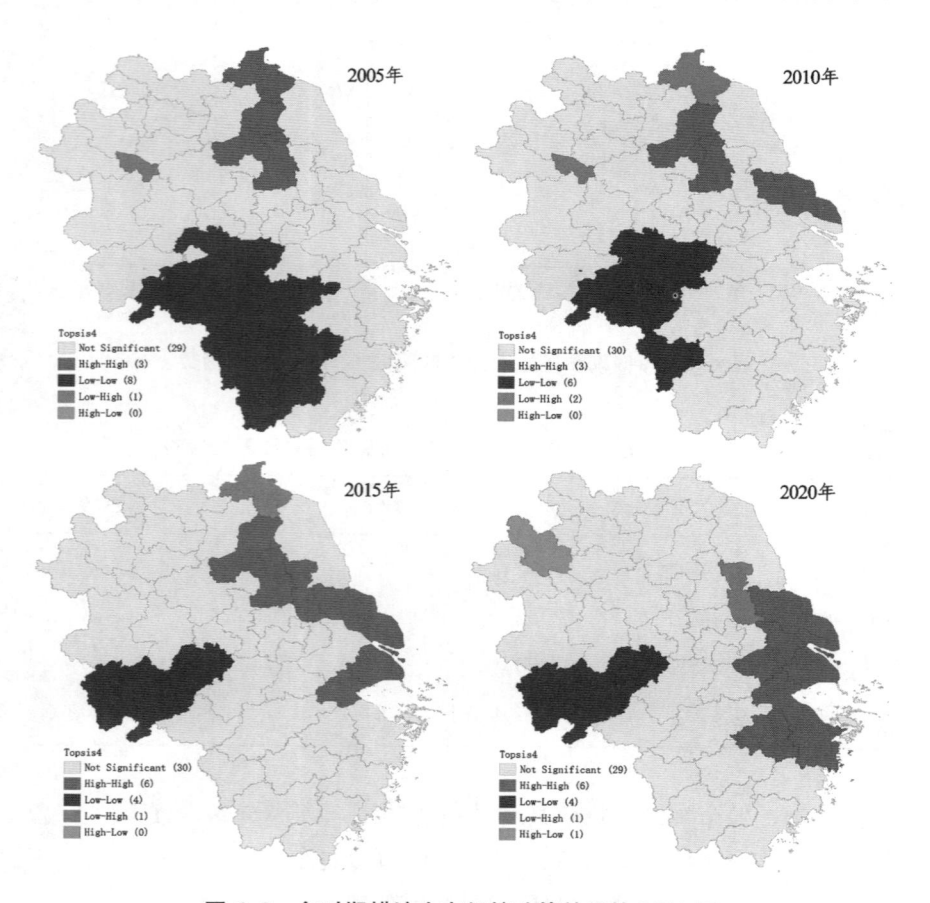

图 6-3 多时期耕地生态保护政策效果的 LISA 图

(LH)和高低集聚（HL）的城市数量不多，每个节点年份有1~2个，且均为散点出现于江苏省与安徽省。

从相邻两个时期的关联变化看，相邻两个时期均显著的共发生24次，其中22次为稳定变迁，即LL→LL、LH→LH、HL→HL、HH→HH，表现出较强的稳定性，说明耕地生态保护的政策效果具有较强的空间路径依赖。另外，相邻两个时期中仅一个时期具有显著空间关联的情况发生了18次，说明某一城市及其相邻城市均发生变化的情况出现18次，其中15次为同方向变化，即出现或消失LL或HH的情况，3次为反方向的变化，即出现或消失LH或HL的情况，说明耕地生态保护政策具有较强的同向外溢效应，竞争抑制的情况较少发生，政策实施效果由点及面的作用路径是存在的。

四、本章小结

（一）主要结论

为更好评价耕地生态保护政策的效率和效果，本研究基于耕地生态保护政策能提高产量、改善农民生活条件和保护生态环境的多重目标，筛选出年末耕地面积、农民居民可支配收入、化肥使用量、农药使用量四个指标。以2005、2010、2015和2020年为四个重要时间节点，利用DEA-Malmquist指数模型测算耕地生态保护投入的效率，利用空间回归模型测算不同指标对耕地生态保护政策效果的影响，并基于熵权法得到的耕地生态保护政策效果综合指数分析城市间政策效果的空间作用及演进路径。得出以下结论。

首先，近二十年间耕地保护的财政投入是有效率的，且技术进步是影响耕地保护效果的重要因素。整体上，在当前阶段技术进步和投入增加都可以提高政策效率，可以通过种植技术（包括茬口安排、化肥农药的高效科学施用、农作物品种优化等）的改进提高政策效果；投入的规模效率从递减变为递增，说明也可通过增加耕地生态保护的财政投入量提高政策效率。分省看，上海市的技术变动值最高，而规模效率为报酬不变；浙江省和江苏省的规模效率为报酬递增，技术变动均低于上海市；安徽省整体效率最低，目前规模效率为报酬不变，技术变动值直接影响综合效率水平。反映浙江省和江苏省的耕地生态保护政策效率提升导向为规模驱动型，在政策设计中要更加注重直接投入的增加；上海市和安徽省的耕地生态保护政策效率提升导向为技术驱动型，在政策设计中要更加注重技术改进的投入，如加大技术研发和技术集成研究的投入。

其次，耕地保护的多重目标难以全面兼顾，政策执行中保护生态环境的目标往往优先被忽视。保护补偿政策对耕地保护效果有显著的正向效应，但当前的耕地保护补偿政策对实现代际间公平的作用较小，对当前社会的稳定有更显化作用的改善农民生活条件有显著效果，而政策核心目标之一——改善生态环境则长期得不到满足，为提高粮食产量，还出现化肥施用量正相关的情况，也即耕地保护补偿政策下还会出现化肥施用量增加的情况。出现这种情况的原因：一是，改善生态环境的目标没有显著关联的政策约束指标，减少化肥农药施用量只是导向性目标而非约束性目标；二是，保持耕地面积不减少或提高粮食产量都是硬约束，除了是耕地保护的政策目标外，更是国家粮食安全的基石，政策的强约束性明显；三是，改善农民生活条件虽然也非硬约束的政策目标，但耕地保护政策只是这个目标实现的一种手段和措施，除此之外，可能在民政、社保等条线还有其他的政策来促进农民生活条件的改善，所以该政策目标的实现可能是由耕地保护补偿政策和其他相关外部政策条件共同实现。

最后，耕地保护补偿政策效果综合指数不断上升，且存在显著的空间效应和空间路径依赖。整体看，长三角地区的耕地生态保护补偿政策效果在近20年间不断提升，其中，上海市补偿政策综合效果最好，浙江省补偿政策效果改进最大，江苏省补偿到镇村的政策实施方式一定程度上削弱了政策效果，安徽省由于缺乏财政增量投入导致政策效果综合指数虽然逐年上升但对比其他地区仍显不足。从空间效应看，长三角地区耕地生态保护补偿效果存在显著的全局空间相关性，且在近二十年间这种空间相关性显著增强；从局部相关性分析看，出现俱乐部效应的城市在四个时间节点上数量相对稳定，说明长三角41个城市间一直存在稳定的空间依赖关系，只是随着耕地生态保护补偿政策的推进，政策的正向空间外溢效应在不断增强，且正向聚集的城市沿东面从北向南逐步增加，负向聚集的城市沿西面从北向南逐步减少。另外，根据多个时期不同城市聚集类型的变迁情况看，耕地生态保护政策有较强的空间路径依赖，且政策实施下竞争抑制的情况较少发生，适合建立类似浙江省的由点及面的政策实施路径。

（二）几点建议

根据以上研究结论，提出以下建议：

第一，建议针对不同区域耕地保护政策效率构成进一步调整投入结构提高财政投入效率。目前科技进步水平对财政投入效率有积极促进作用，建议上海市和安徽省加大在农业种植技术改进方面的投入，加大良种良法的推广应用，推广绿色生态种植方式。建议浙江省和江苏省在保持农业科技研发投入的同时，要加大财政投入，在耕地保护方面的增量投入能促进政策投入效率的进一步提升。

第二，制定针对性更强的耕地保护补偿目标和考核方式。耕地是我国广大农民的生产资料，耕地保护补偿政策有多重政策目标是合理的、符合我国国情的，但在补偿政策制定中，建议单独针对改善生态环境创设一些补偿到户的奖补项目，以约束性指标进行考核，保障在实现政策效果中提高核心目标的达成度。

第三，建议耕地生态保护补偿政策采取由点及面、补偿到户的实施或升级路径。由于耕地生态保护政策效果具有显著的空间相关性，且空间聚集的发生具有明显的空间路径依赖，所以在财力不均衡的情况下，可采取点上开花、面上结果的政策实施路径，浙江省恰恰是选取了这样一种政策实施和推广的路径，取得了显著成效。另外，在当前阶段，补贴对象比补贴标准对政策效果的影响更大，建议政策补偿对象优先为个人而非各级地方（特别是镇村政府）。

第七章

构建长三角地区耕地保护补偿机制的政策建议

一、主要研究结论

（1）地方政府在农地保护方面存在显著的事权与财权的空间错配现象，资源配置方式与效率亟待改进。农业用地生态外溢效应的全局性和地方财政的局地性之间的矛盾会引发地区间事权与财权的空间错配，如果在区域资源配置中，忽视农地保护政策在空间上的溢出效应，势必造成区域资源利用效率损失和微观主体福利损失，从而使农地保护动力不足，冲击基本农田红线和生态红线，危及粮食安全和生态安全。

（2）农地保护政策导致了土地要素的非自由流动，随着城市化和工业化的不断发展，农业的经济贡献逐步弱化，地区间差距越来越大，进行跨区域农地补偿政策创新是解决发展不平衡问题的必然选择。伴随着农地数量减少，农地保护的关注重点不再仅仅集中在农业生产方面，而是转向兼顾农地非市场价值的不断凸显、农地多功能性的供需关系变化、农地发展权的限制与实现等问题上，如果不核算农地保护的成本和效益，不采取有效的调控措施，有可能进一步加剧地区间发展差距。

（3）经济补偿机制是解决农地保护由于生态外溢的全局性与地方财政局地性二者矛盾的主要方式，作为经济补偿机制有效政策工具的财政转移制度，财政转移支付可采取纵向＋横向相结合的方式提高财政资金配置效率，提升地区政府福利的同时改进微观主体福利。单一的纵向转移支付方式或者横向转移支付方式在区域经济发展压力与农地保护压力不尽相同的情况下，可能造成宏观层面效率损失和微观层面福利损失，采取组合政策可以通过激励相容机制提高政策的绩效。

二、国外农地补偿的经验借鉴

我国农地保护补偿的理论与实践发展时间均较短，本书第二章中介绍了国内主要做法，第四章详细梳理了长三角区域内的实践和做法，本节则选取国外在农地保护补偿方面对长三角地区有显著借鉴意义的国家和地区进行做法和经验总结，以期为长三角地区农地保护补偿制度设计提供有益启发。

（一）欧盟的做法及经验借鉴

由于欧洲国家居民对轻度农业的自然环境有显著偏好，所以欧盟通过农业环境政策（Agri-environmental policies，AEP）来实现环境服务付费（payment for environmental services，PES），以减少农业集约化给环境带来的巨大压力，AEP 是欧盟农地保护生态补偿的主要政策，2014—2020 年欧盟的 AEM 支出占到共同农业政策资金总额的 7%（近 200 亿欧元）（Früh-Müller et al., 2019）。欧盟各国在 AEP 实施后由单一支付逐步替代了大部分的生产性补贴，这与我国 2016 年提出将农业"三项补贴"合并为农业支持保护补贴的改革有相似性。我国当前的农业支持保护补贴与欧盟的 AEP 都是自上而下的多目标政策，欧盟自 20 世纪 80 年代开始实施 AEP，政策实施至今近 40 年，其在制度设计和实施上对长三角地区在我国政策框架下探索耕地生态保护补偿制度设计，具有借鉴意义。

1. 基本情况

一是，补偿目标具有广泛性和非单一性。AEP 的补贴主要是对生态农业正外部性的支付，补贴的标准是根据生产者承诺的生产方式产生的额外成本和损失的收入制定。所以其补贴的目标具有广泛性，如减少化肥投入、调整植保产品和轮作制度、种植缓冲带、推行有机农业等。同时由于 AEP 通过将公共资金转移到农业生产者手中，所以在减少农业生产负外部性的同时，还能以农业为抓手促进农村发展。

二是，补偿对象需通过申请获得补偿。欧盟实施的 AEP 更容易将补贴收入转移给受限的农业生产者，欧盟在实践中发现在没有协议的情况下，会有50%左右的农业生产者在保护性土地管理、维护性田间行为等方面降低强度，所以欧盟在推进AEP实施中，补偿对象需通过申请获得补偿，以增加补偿效果的持久性。

三是，制定差异化的补偿基线标准。欧盟各国针对本国的资源禀赋差异和差异化的优势农业产业，分别制定了符合本国情况的农业生产最低规范标准（minimum Good Farming Practice，GFP），实现各国利益最大化。同一管制区内所有农业生产者均达到最低标准，可获得政府的基础性补偿，而通过发展有机农业等行为超过最低规范标准的农业生产者，还可以获得额外的补贴（Baylis et al.，2008）。

2. 欧盟耕地生态保护补偿的经验启示

第一，重视通过补偿制度产生农地利用正外部性。欧洲国家普遍认为由化学物质造成的水污染、农业生物多样性的下降、土壤质量退化等问题都与过度集约化的农业生产有关，所以其通过农业环境政策的实施，引导生产者降低农业生产强度。欧盟的生态保护补偿和我国当前的农业支持保护补贴类型，没有强调生态保护的额外性，所以可能存在一定的效率损失，但目标的广泛性在较大的时间尺度上可能产生累积效果，相关政策的路径依赖会显著提高，长三角地区农地生态保护贴制度设计中可重点参考其补贴标准的制定思路。

第二，构建了多层级纵横交错的转移支付体系。欧盟的环境保护补偿主要通过"欧盟-国家-地方"三级政府体系的纵向转移支付或区域间的横向转移支付实现。欧盟会从公共基金、生态税和环境税等渠道筹集环境补偿所需的资金。在《长江三角洲区域一体化发展规划纲要》背景下，长三角地区可看作一个类似欧盟的联盟层级，在我国自上而下的生态保护补偿体制背景下，长三角地区适合并有经济和实践基础学习欧盟的经验开展多层级纵横交错的补偿机制设计，特别可尝试设立公共基金解决类似农地生态保护这类的公共性环境问题。

第三，在制度设计中重视环境决策问责机制建设。欧盟在《环境问题信息获取、公众参与决策和诉诸法律公约》（简称《奥胡斯公约》，Aarhus Convention）的框架下实施环境决策问责。在该公约下，可持续构建确保公众对环境决策的信息透明度、参与权和访问司法救济权利的相关条例。长三角地区生态保护补偿政策的实施在信息透明度上仍有较大可作为空间，目前相关政策文件尚没有做到主动公开，政策实施的情况如补偿资金总额、分配方案等更是较少有主动公开的（杭州市在这方面做得较好），政策的实施评估基本没有主动公开的，也未见依申请公开的相关提示，长三角地区的农地生态保护补偿机制构建中可参考欧盟的相关做法，加强信息公开制度的建设。

（二）巴西的做法及经验借鉴

巴西和中国一样是世界农业大国，拥有丰富的自然资源和广阔的耕地面积，约 41% 的土地可用于耕作，可耕地面积超过 27 亿亩（其中 15 亿亩未开发利用）。虽然巴西人均耕地面积（4.6 亩）显著高于我国水平，但由于巴西 70% 的土地为私人拥有，所以耕地利用过程中农民会优先种植经济作物，粮食作物的种植面积不大。所以巴西和我国一样面临粮食安全问题，巴西在 2000 年前后开始构建法定保护区体系，并通过生态保护补偿机制的构建激励保护者采取积极行动。我国的基本农田保护区制度与巴西法定保护区制度具有相似性，巴西在制定法定保护区体系同时形成的生态保护补偿激励手段和措施对我国耕地保护补偿制度设计，具有借鉴意义。

1. 基本情况

一是，维持"法定保护区（Reserve Legal）"比例不降低。通过立法划定差异化的受限程度，亚马逊雨林（Amazonian rainforest）的法定保护区为 80% 的原始植被，萨凡纳（Savannah）为 35%，其他地区为 20%。土地所有者有维持法定保护区（RL）比例不降低的法定义务。截至 2009 年，巴西建立了 2.2 亿公顷的土地生态保护区，之后在此基础上实施面积不降低的数量保护。

二是，以项目为单位的市场激励手段打破了时间和空间限制。巴西的土地生态保护补偿制度是以项目为单位开展，根据公开资料，截至 2015 年巴西已有登记的土地生态补偿项目 89 个。项目实施者根据资金来源确定，国家在项目中更倾向于成为中介者的角色，项目实施者根据项目实施目标，在项目实施年期、政策导向（目标导向或过程导向）、实施范围（州内或跨地区）上可以存在非常大的差异（Salles et al.，2017）。

三是，制度设计中允许通过指标买卖转移保护责任。巴西法律允许法定保护区（RL）面积超过规定百分比的所有者使用剩余面积转化为环境保护区配额，土地所有者可以在同一受限区内其他土地所有者购买这种配额实现是保护法定保护区（RL）的责任和义务。这种在有限范围内的保护配额交易，本质是交易的土地发展权，形式上与个体层面的横向转移支付类似，是受限主体间的经济行为（Filoche，2017）。

2. 巴西耕地生态保护补偿的经验启示

第一，在资金来源上重视多样性和平衡性。巴西的土地生态保护补偿项目中83%通过公共基金倡议（Public Fund Initiatives，PFI）实施，17%来源于市场资助（Carbon Market Initiatives，CMI）。在PFI中，各级政府（联邦-州-市）和第三部门（国际国内非政府组织、居民协会、大型企业基金会等）分别占比53%和47%。可以看出，巴西的土地生态保护补偿机制在项目制基础上，既重视补偿资金来源的多样性，也注重不同来源资金间的平衡性。相比于我国农地生态补偿资金来源的单一性而言，巴西这种注重多样性和平衡性的补偿资金来源值得我国在制度设计和政策引导中积极探索。

第二，在政策设计上重视嵌套性和复合性。理想的土地生态保护补偿状态需要满足产权、交易成本、机会成本和可持续土地利用的实施成本等多个条件（Engel et al., 2008），但在实践中，这种理想状态往往很难实现，巴西采取的是通过替代机制或组合政策提供激励措施，不同的政策措施具有可叠加性，以放大政策效果。例如纵向、横向的资源分配可以同时实施，国家、区域和地方各级政府的激励措施可以同时存在，事前政策、基于过程导向和基于目标导向的政策可以同时在一个区域内实施。这种政策的嵌套性和复合性其实在长三角地区当前的农地保护补偿政策中也存在，其重点是要设计好混合补贴的模式优化，不同的补贴项目之间要实现政策效果的互促或叠加而非相互消解。

第三，在补贴项目上尊重制度导向的分化。巴西针对多样性政策目标配套了相匹配的制度设计，由于巴西土地保护生态补偿的资金来源不同，所以制度导向会出现显著分化，巴西尊重这种分化下不同的制度设计。比如，CMI项目会更注重补贴效率，PFI项目则会更偏向于补贴的公平性。所以，两类项目的制度设计有显著分化：从项目时间看，巴西土地保护生态补偿项目的平均持续时间为7.8年，但PFI

项目的平均持续时间为 3 年，CMI 项目平均持续时间为 31 年；从制度导向看，PFI 项目的制度设计多是过程导向，而 CMI 项目的制度设计多是结果导向；从补偿标准看，CMI 这类以市场为主导的项目希望以较低的交易成本获得更确定的政策效果，其补贴标准的制定是以达成政策效果需要的成本计算，PFI 项目则以减少土地使用者执行土地生态保护行为的成本计算；从实施范围看，所有 PFI 项目都可以归类为广范围（55%）或超地域的（42%），而 100% 的 CMI 项目都是在有限区域内实施。

（三）韩国的做法及经验借鉴

韩国 2022 年人均耕地面积 0.4 亩，与我国 1.5 亩的人均耕地面积类似，均低于世界平均水平（3.1 亩），人多地少特征明显。20 世纪韩国在工业化和城市化快速发展过程中虽然造就了经济奇迹，但也伴随着耕地过度利用和污染等问题，韩国基于经济发展积累，于 1998 年开始推行亲环境农业，注重农地的生态保护补偿。当前我国进入工业化城镇化后期，以韩国亲环境农业补贴政策的运行经验对我国耕地生态保护补偿制度设计，具有积极意义。

1. 基本情况

韩国从 1999 年开始对亲环境农业进行补贴，以促进生态友好型农业的普及，亲环境农业补贴呈现出以下几个特征：

一是，农业整体补贴的财政预算逐年增加。2001 年韩国农业直付系统预算 2 505 亿韩元，占农业预算 4.1%，到 2016 年达到 2.12 亿韩元，占比 15.0%，耕地利用补贴的投入持续加大。

二是，亲环境农业补贴针对不同对象设置多个补贴项目。亲环境农业补贴包含生态友好型直付、景观直付、环保畜产品直付等类型，将多个生态保护补贴内容纳入到同一补贴框架下，避免了重复补贴或覆盖不足。

三是，亲环境农业补贴政策通过渐进性形成稳定性。政策初期根据有机认证过程分为低农药、有机和无农药认证三类，补贴执行后，生态农产品认证量从 2 万吨（1999）增至 230 万吨（2009），2016 年取消低农药农产品认证后，虽然生态农产品认证总量逐步降到 52 万吨（2021 年），但有机农产品认证量仍呈现持续增长，从 11 万吨（2016）

稳步增至 17 万吨（2021），体现了政策的渐进性和稳定性。

2. 韩国耕地生态保护补偿的经验启示

第一，重视法律体系的建立和相关法律更新。韩国在耕地保护上重视立法体系的建立和相关法律更新，以《国土利用管理法》和《农地保护利用法》为基础建立起耕地利用和保护的基本框架；1997 年制定《环境农业促进法》（现更新为《环境友好型农业促进法》），并在实施令中提出引入环境友好型直接支付系统，后又陆续在《绿色农业发展法》《生态友好农渔业法》《食品工业基本法》《农药安全使用标准》《农业收入法》等法律制定及更新中围绕亲环境农业直补制度的执行、激励、监管、惩罚等多项内容进行完善。2019 年出台《农业农村公益功能直接支付法》对原有直接支付制度进行系统全面改革升级。反观我国一般以政策文件发布耕地保护补贴措施，法律效应较低，强制力较弱；韩国通过系列关联性法律构建耕地保护补贴的法律体系，政策稳定高，值得学习。

第二，重视配套的监管体系、检测体系建设。降低化肥农药施用量，提高农田在改善环境、提供景观等方面的外部效应是亲环境农业政策的主要目标之一。韩国通过配套的监管检测体系的建设，完善制度的执行和惩罚措施，具体来说：针对农户或农场，要求其记录化肥和农药的种类、施用量等，作为其获取补贴的义务，通过检测机构核实违规者，取消其三年申请补贴的资格，据统计，近五年（2018—2022）取消有机食品认证数量平均为 2 056 个，占有机认证总数比例为 2.8% 左右。针对检测机构，对违规机构进行警告、停业、取消认证资格等行政处罚，据统计，认证机构从 2014 年的 74 家减少至 2022 年的 50 家，期间接受行政处罚的认证机构平均为 12 家/年。反观我国现行的耕地地力补贴，虽然以提高地力为政策目标，但是缺乏有效衡量指标和惩罚措施，韩国耕地生态补贴的监管体系建设值得借鉴。

第三，重视通过补偿制度设计实现多重效应。韩国亲环境农业直补预期实现农户的收入保全和环境改善双重效应，根据评估：从收入保全目标看，2003—2015 年，水稻种植户的收入平均增长 4.2%，农业收入增长 11.8%，显著高于所有农户收入平均增长 1.3%，农业收入增长 4.0%；从环境改善目标看，化肥用量从 358 公斤/公顷（2000 年）逐步下降至 233 公斤/公顷（2010 年）后略有增加，后一直稳定在 260 公斤/公顷左右，且有机肥施用量保持 6.6％的年均增幅；农田农药施用量从 5.9 公斤/公顷（2000 年）降为 2.3 公斤/公顷（2021 年）。而反观我国的耕地保护补偿，在 2016 年将耕地相关多项补贴合并为耕地地力补贴后，政策目标是提高耕地地力，但补贴内容却是以降低生产投入成本为主，政策目标和内容存在偏差，对应的统计数据和监测也未能根据补贴目标进行调整完善，政策多重效应难以评估。

第四，重视补贴的公平性和补贴效率的平衡。韩国的农业直付制度通过策对象和直付条件的差异，按照收入保全型补贴（公平导向）和环境改善型补贴（效率导向）两类，共设置八种直付项目共同作用，实现公平和效果的兼顾。2019 年《农业农村公益功能直接支付法》出台后，改革合并了原有多种直付类型，设置了基本直付和选择性直付两种，基本直付以保护友好型农业政策带来的损失为主，偏向补贴性质，以促进地区和农户间的公平为政策导向，目的是减少耕地利用的负外部性；选择性直付作为补偿手段的倾向性很强，是在完成基本直付要求履行的义务后可叠加选择的一种补贴，偏补偿性质，目的是增加耕地利用的正外部性，包括增加具有公共利益的功能（如温室气体减排）和价值（如景观价值、开敞空间价值等）。我国目前的耕地补贴实质上类似于韩国的基本直付，补贴以公平为导向，像韩国选择性直付类型的补贴则比较缺乏，反映出我国耕地保护补偿体系还不够健全。

（四）对建立健全长三角耕地生态保护补偿机制的启示

1. 耕地保护补偿要以"去污-提质-增效"为路径

当前耕地利用面临污染和耕地质量不高问题，在生态文明建设和"两山理论"发展背景下，耕地保护补偿要根据各地实际情况分阶段推进，政策目标要结合区域耕地资源禀赋体现差异性和阶段性：首先解决化肥农药施用引起的耕地污染问题，这个阶段政策导向是减肥减药；然后解决耕地质量不高的问题，这个阶段的政策导向是通过休耕、绿肥等提高耕地地力；最后解决耕地效用不足的问题，通过生态型高标准农田建设、绿色有机产品认证等方式提高耕地的正外部效应。

2. 耕地保护补偿要有效区分补贴和补偿

2016年我国将农业多项补贴合并为耕地地力补贴，根据补贴内容看，该制度侧重于防止永久基本农田非粮化和降低我国农业生产者的生产成本的问题，是公平导向的，性质和内容与韩国的基本直付或欧洲的农业补贴等类似。2021年修正的《土地管理法实施条例》第12条则首次规定"国家建立耕地保护补偿制度"，该制度健全完善了我国的耕地利用补贴体系，但尚在探索中，建议侧重激励和补贴条件设置，补贴条件设置区分于现行的耕地地力补贴，要以效果而非公平为导向进行政策设计。

3. 耕地保护补偿要重视补偿的效益评估

在"去污-提质-增效"的耕地保护补偿路径下要重视补偿效益的评估工作，提高政策的精准度和资金绩效。具体来说：一是建立以政策目标为导向的统计指标体系，例如以提高地力为政策目标，则应有可以反映耕地质量的连续性指标；二是建立具有可操作性的监测方法，以结果为导向的监测方法可能存在执行成本高（如土壤监测量大总投入高）或效果难以剥离（如农民增收可能有多种原因造成）等原因，可先建立起以过程为导向的监测方法，如进行农事记录、化肥农药实名制购买等方式；三是制定奖惩措施，通过认证的第三方机构对获取耕地保护补偿的对象进行行为监测，对违反施肥施药标准的农户采取减少补贴的措施。

三、长三角地区耕地保护补偿机制设计

（一）建立多层级纵横交错的耕地保护补偿制度框架

耕地保护的外部性一方面与面积相关，另一方面与耕地绿色投入（包括减少污染和增加土壤肥力的投入）相关，所以虽然耕地保护具有生态全局经济性，但是对于存量耕地面积大的地区则存在区域不经济，纵向财政转移支付是解决耕地保护区域不经济的基础保障，但在纵向转移支付与耕地保护主体损失存在缺口的情况下，建立多层级纵横交错的耕地保护补偿制度是必要的。

首先，经济发展水平较好的地区，应优先建立局部纵向转移支付

制度。一是，经济发展水平较好的地区，耕地保护的机会成本较一般地区更大，不管是受限地区的财政损失还是受限个体的福利损失都更大，所以建立增量的耕地保护补贴纵向转移支付的迫切性更大。二是，经济发展水平较好的地区财政收入水平能够支撑增量的纵向转移支付资金支出，作为全国纵向转移支付资金的补充，弥补耕地保护区域内个体福利的损失和所辖下级政府的财政损失。三是局部转移支付制度会在区域内产生积极的示范效应，政策的正外部效应会促进区域整体耕地保护补偿政策效果的提升。

其次，财政预算单元应自下而上的探索横向转移支付制度。虽然省（市）尺度下的横向转移支付在理论研究和横向转移支付金额测算上有更多的相关研究，但省级尺度的横向转移支付在可行性和可操作性上具有较大的实践难度，开展横向转移支付的转出方既没有政绩约束也没有经济获益，内驱力和显化效益均显著缺乏。但是在较小的财政预算单元下，如市级或区县级，构建行政区划范围内的横向转移支付，在实现耕地保护外部性内化这个非显性目标外，还能有实现三产平衡发展、促进农业可持续发展、促进社会稳定等多重其他功效，所以耕地保护补偿的横向转移支付制度在较小的行政区划尺度上更具有可行性。

（二）建立符合受限个体偏好异质性的耕地保护补偿引导策略

本研究通过实证分析已验证受限个体对政策存在异质性偏好，要提高耕地保护补偿机制的有效性，必须在机制设计中考虑这种异质性。个体的异质性既受到个体和家庭特征的影响，也受到受限区域历史政策的影响，所以在进行耕地保护补偿机制需要兼顾这两个层面进行设计。

首先，引导策略要遵循"去污-提质-增效"的总体路径进行设计。虽然受限个体存在偏好异质性，但是同一受限区域内耕地保护补偿政策具有一致性，该区域内的受限个体所处的耕地保护阶段和接受政策的路径具有相似性，所以在受限区域尺度看，总体的保护目标要从减少污染，到提高土壤质量，再到提高耕地生态效益过度，受限个体的偏好异质性要结合受限区域所处的耕地保护阶段性政策目标。

其次，可设置多元化考核指标，根据耕地保护区域内个体对不同指标的偏好进行分段引导。不同地区由于农业政策引导和补贴路径不同，个体对于不同补贴的敏感度和偏好也不一样，对于偏好强烈的指标，可阶段性设置为约束性指标，提高补贴的边际效应；对于偏好不敏感的指标，可以设置为引导性指标，通过自愿的方式，引导补贴对象提高对耕地保护的认知和接受度。

（三）建立约束性指标为导向的耕地保护补偿发放条件

耕地保护政策在短期内不会改变目标多重性的特点，在此背景下，要提高政策效率，重点要提高资金使用绩效。针对当前耕地保护政策中改善生态环境的目标实现度较差的原因分析，要完善当前政策，建立改善生态环境的具体考核指标，以此为补偿资金发放的约束性指标进行制度设计。考核指标的设定需要针对补偿的性质进行分类设计。

首先，对于耕地保护补偿资金的发放条件可根据普惠性和激励性分类实施。普惠性的补偿考核的指标可以以指导性为主，在较大尺度上进行指标约束，如针对农户个人，引导其在农业生产中减肥减药，使用有机肥和物理方式除病害的给予补贴，而针对镇或村，考核其全域范围内的化肥农药施用量达到约束指标，达到约束指标可进行适当奖补或对于达不到的进行行政问责。

其次，在当前耕地保护所处阶段下，建立以过程为导向政策效果评估体系。2016年整合多项涉农资金补贴为耕地地力补贴后，补贴的政策目标过于宽泛，评估的可操作性不佳，政策目标与评估无法实现有效匹配，故建议在耕地保护补偿机制构建中要以过程为导向建立政策效果评估体系，提高政策的目标导向和评估的可操作性。

（四）完善资金分配方案保障耕地保护补偿制度的落实

根据当前长三角地区公开发文的耕地保护生态补偿政策文件看，补偿资金的分配主要涉及几个方面内容——补偿对象、补偿金额、补偿调整机制等，本研究的实证分析中也围绕这些内容进行了分析论证，根据分析结果，从以下几个方面提出完善资金分配方案的政策设计。

首先，要明确资金是用于受限主体的补偿，而非直接用于耕地质量提升改造等其他用途。补偿资金用于发展农村公益事业、建设农村公共服务设施等作为村级可用财力的规定都不符合耕地保护补偿制度的资金补偿理论基础，只是作为一项对村集体的转移支付，政策效果大打折扣。

其次，要明确资金补贴的对象是农户、集体经济组织还是二者兼而有之。根据本研究实证分析结论，补贴到户比补贴到村有更显著和积极的政策效果，所以保障耕地保护补偿制度的落实效果要在资金分配方案中明确补偿到户的制度设计。

四、政策建议

（一）加强政策宣传的建议

一是针对生产者大力倡导绿色生产。大力倡导绿色生产，既是保护生态环境、实现可持续发展的重要手段，也是建设生态文明、促进经济高质量发展的重要途径。从松江区家庭农场的调研数据发现，不同认知程度下不同政策的有效性或边际效应会有显著差异，所以需要采取合适的政策引导农业生产者对于绿色生产技术的采纳，宣传是重要手段。另外，绿色生产技术和政策的推广均需要较长时间产生明显效果，但政策的效果也具有较明显的持久性，这也是大力倡导绿色生产的重要意义所在。

二是提高消费者对绿色食品的高质高价认知。耕地保护的补偿一方面来源于政府，这是实现耕地保护外部性内化的重要方式，但同时由于耕地具有经济价值，通过提高耕地的经济价值也是对耕地保护主体在国土空间管制下利益损失的一种重要方式。提高消费者对绿色食品的认知和接受度，结合农产品品牌建设和流通环节优化，在市场端实现绿色农产品的优质优价，通过市场端反馈促进耕地使用者的保护积极性。

三是提高城乡居民对耕地生态价值的认知水平。从松江区家庭农场主的调研问卷结果可以发现，农民对于调节气候、维护生物多样性等与自身开展农业生产密切度较低的耕地价值认知程度较低。可以通过学校教育、社区讲座等方式，提供关于耕地生态价值的信息和知识，强调生态保护的重要性以及它对食物安全、水资源保护和生物多样性的影响；同时可以通过农事体验等乡村休闲项目促进城镇居民对生态环境的感知和理解。

（二）提升政策效果的建议

一是在补偿金额方面，关键是实现增量补偿。根据本研究的实证分析结果，单纯通过调整补偿结构或者分配金额，对耕地保护都难以有显著的政策效果；而只要是实现了增量补偿，保护补偿政策就显著有效，所以建议在制定耕地保护补偿制度时，一定要有增量的财政投入。

二是针对个体福利提升，建议补偿到户。对于区域财政损失，经济补偿的激励作用并不显著，究其原因，一方面是补偿金额与财政损失可能存在较大缺口，另一方面，其他可替代的激励措施较多，比如给予土地发展指标、加大基础设施建设、加大产业扶持等，单纯的小额经济激励效果不佳。但针对个体福利提升，补偿金额到户的激励效果是显著的，因为针对个体的激励直接作用于其耕地保护行为，且经济激励的替代措施较少。所以，耕地保护补偿制度设计中，建议补偿要落实到户，这样财政投入才能有显著的政策效果。

三是在镇级尺度上，实现管制单元与财政预算单元的衔接。管制单元和预算单元在空间上难以完全匹配，通过实证分析验证，在政策实施过程中的最佳尺度是镇级，管制强度引发的空间异质性在镇级尺度具有显著性。虽然相比村级尺度，镇级尺度损失了管制单元的精细度，但作为我国最小的行政预算单元的乡镇，其在政策实践的操作性可能更佳。

（三）提高政策效率的建议

一是，在农业科技研发推广项目中关注绿色生产技术的集成研究。可以在资源高效利用、生物防治技术、绿色育种技术、循环农业、生态农业等方面加强技术集成。具体如研究节水灌溉技术、精确施肥技术和土壤改良技术，研究使用天敌、病原菌和生物农药来控制病虫害以减少化学农药的使用，培育具有抗病虫、抗逆、高产等优良性状的作物品种，研究农业生产过程中的物质循环和能量流动优化农业生产系统以提高废弃物资源化利用降低环境污染，研究如农林复合、农牧复合等模式提高生态系统的稳定性和生产力、保护生物多样性等。另外，在研究绿色生产技术集成的同时，要建立绿色农业生产技术的监测和评估体系，定期对绿色农业生产的实施效果进行评估，为技术改进和攻关方向提供依据切实。

二是要继续加大对耕地保护的财政投入力度。虽然我国财政支农水平在近二十年间不断提升，但投入金额占 GDP 的比重仍是偏低的，根据国际经验，一个国家的财政支农水平应该与其农业在国民经济中的比重相当，我国 2022 年农业占 GDP 的比重为 7.2%，而同期中央财政涉农资金占 GDP 的比重仅为 1.9%，两者之间存在较大差距。另外，当前涉农补贴中对生产投入的补贴较多，政策导向以保障生产为主，后续建议加大对耕地生态保护的财政投入力度，结合地区耕地保护阶段发展进行政策设计。

（四）保障政策落实的建议

一是政策实施路径建议由点及面分步推进。本研究的实证分析证明耕地生态保护补偿政策具有空间路径依赖，由点及面的政策实施路径是有效且容易产生示范效应的。建议纵向转移支付制度，可以省为单位，在省内试点开展制度建设，条件成熟后全省推广，经济基础较好且耕地保护机会成本较大的地区，可在省级补偿基础上，叠加地区纵向补偿金额。建议横向转移支付制度，可以区县为单位尝试开展制度建设，合理评估制度效果，改进和完善政策实施内容。

二是设立补贴专项资金稳定经费来源。根据当前长三角地区耕地生态保护补偿政策文件的梳理，除了省级单位，基本所有地市级政策都没有设立专项经费保障，而是从土地出让收入、新增建设用地土地有偿使用费、耕地开垦费或其他财政资金中统筹安排。补贴经费的来源受到其他财政收入的影响较大，稳定性不高，建议长三角地区可以建立公共基金解决具有显著外部性的环境问题，在区域公共基金成立运营前，建议各级财政要根据当前区域范围内耕地资源数量设立稳定的保护补偿专项经费，稳定相关主体对政策实施的预期。

三是建议补偿政策要与政策实施效果进行考核挂钩。不管是对地方政府还是个体，都要明确补偿的责任义务，要区分耕地保护补偿与一般的农业生产性补贴的差别。面积管制的补偿要充分考虑补贴的广度，但保护补偿要更多地考虑激励性和引导性，建议构建明确的考核指标评估补偿实施效果，围绕对管制的落实情况开展考核评估，并将考核结果与补偿的发放挂钩。

五、研究展望

（一）研究可进一步扩大调研区域与现有研究结论实现相互印证

本研究调研问卷的覆盖范围局限在上海市，调研数据得到了一些有意义的结论，后续研究可以在更大范围进一步验证现有结论。同时更大范围的微观主体研究也可以和当前覆盖长三角范围的宏观层面研究实现更好地相互印证。

（二）研究可进一步加强研究深度实现跨区域补偿的金额测算

研究通过泰尔指数及其分解，得到省级单位和市级单位耕地非农化与初始资源禀赋的偏离程度，并明确了不同单位应加强横向或纵向转移支付来扭转这种国土管制导致的偏移，但偏移程度与纵向横向补偿的金额还需要结合用地模拟预测，通过模拟预测值与实际值的偏离情况确定各层级的横向补偿金额。

附 录

附录一 调查问卷

新型经营主体农地利用与保护调查问卷

您好！本问卷调查主要用于课题研究，答案无对错之分，选择题如无特殊说明，均为单项选择。请按您的实际情况或想法填写即可。非常感谢！

A　受访者基本信息

A1. 您的年龄_____；性别：____；
　　①男　　　　　　　　　　　②女
　　是否村干部：____；
　　①是　　　　　　　　　　　②否
　　是否党员：____。
　　①是　　　　　　　　　　　②否

A2. 您家庭人口数为_____人，其中劳动力为_____人，参与农业生产的劳动力为_____人。

A3. 您受教育年限为_____年；您从事农业生产的年限为_____年；是否兼业经营农业生产____。
　　①是　　　　　　　　　　　②否

A4. 您是否户主：_____；
　　①是　　　　　　　　　　　②否
　　农业生产经营决策的方式为：_____。
　　①户主说了算
　　②有生产经验的家庭成员说了算
　　③家庭成员商量决定
　　④其他情况

A5. 您是否为家庭农场：_____；
　　①是　　　　　　　　　　②否
　　您是否参加农业合作社：_____；
　　①是　　　　　　　　　　②否
　　您是否为农业企业：_____。
　　①是　　　　　　　　　　②否

A6. 您在农业生产经营中，有新技术出现时：_____；
　　①积极尝试　　　　　　　②观望后再尝试
　　③不愿尝试
　　有新政策出现时：_____。
　　①积极响应　　　　　　　②观望后再决定
　　③不响应

A7. 您在农业生产经营中有新技术或新政策出现时，决策是否容易受到信任的人（种田能手、大户）影响：_____。
　　①影响很大　　　　　　　②影响较大
　　③影响一般　　　　　　　④影响较小
　　⑤不受影响

B　受访者生产经营信息

B1. 您家庭承包耕地面积为：_____亩，种植水稻的面积：_____亩，土地租赁费用为：_____元/亩·年，土地租赁期限：_____年；农业生产类型：_____。
　　①纯粮食　　　　　　　　②种养结合
　　③机农一体　　　　　　　④三位一体

B2. 您近两年的各项种植成本情况为多少元/亩：

年份	化肥投入	农药投入	机械作业投入	其他生产成本	帮工费
2020					
2021					

B3. 您家耕地是否进行深翻：_____；
　　①是　　　　　　　　　　②否

如进行深翻，深翻的成本是：_____元/亩·年。

B4. 您家耕地是否种植绿肥：_____；

①是　　　　　　　　　　　②否

如种植绿肥，开沟成本是：_____元/亩·年，其他成本是：_____元/亩·年。

B5. 您家农产品有下列哪个认证：_____；

①无公害农产品　　　　　　②绿色食品

③有机食品　　　　　　　　④无

您觉得产品认证对产品销售是否有作用：_____。

①是　　　　　　　　　　　②否

B6. 您家耕地去年产粮情况为：

总产量（公斤）			单价（元/公斤）			种植总收入（元）
粮食收购	自卖稻谷	自卖大米	粮食收购	自卖稻谷	自卖大米	

B7. 自卖稻谷/大米的销售途径是（最多选三项）：_____。

①门店零售　　　②批发市场　　　③网络销售

④订单生产　　　⑤加工企业　　　⑥超市

⑦批发商或贩子　⑧饭店或宾馆　　⑨出口

⑩其他

B8. 您对自卖稻谷/大米的销售价格是否满意：_____；

①不满意　　　　　　　　　②满意

您认为您种植的产品是否实现了优质优价：_____。

①是　　　②否　　　③不清楚

B9. 您家去年收入情况为：

家庭总收入	农业总收入	水稻种植收入	其他农业生产收入	农业补贴	农业奖励
（元）				（元/亩）	

B10. 请问您获得农业生产各项奖补的情况：

奖补项目	是否获得该项奖补	奖补项目	是否获得该项奖补
①粮食生产保护补贴	□是　□否	②秸秆还田补贴	□是　□否
③粮食收购差价补贴	□是　□否	④商品有机肥补贴	□是　□否
⑤缓释肥补贴	□是　□否	⑥家庭农场考核奖励	□是　□否
⑦耕地质量保护和提升奖补	□是　□否	⑧绿色农业发展奖补	□是　□否
⑨其他奖补_____	□是　□否		

C　受访者认知情况

C1. 您所处区域生态环境质量（包括空气、水质等）：_____；
　　①非常好　　　　　　　　②较好
　　③一般　　　　　　　　　④差
　　⑤较差
　　您认为生态环境是否需要进一步改善：_____。
　　①是　　　　　　　　　　②否

C2. 您是否听说过生态补偿：_____。
　　①非常了解　　　　　　　②听过，了解一些
　　③听过，但不太了解　　　④没听过

C3. 您是否认同农田（耕地）除了具有提供农产品的生产功能外，还具有净化空气、涵养水源、调节气候等诸多好处：_____。
　　①非常认同　　　　　　　②比较认同
　　③不确定　　　　　　　　④不认同
　　⑤非常不认同

C4. 您认为农田（耕地）带来生态效益或功能的重要性如何？请每一行中选择一项打"√"。

耕地功能	非常重要	比较重要	一般重要	不太重要	非常不重要	不清楚
净化空气						
气候调节						

续表

耕地功能	非常重要	比较重要	一般重要	不太重要	非常不重要	不清楚
水源涵养						
土壤保护						
废物处理						
维护生物多样性						
粮食安全保障						
失业保障						
养老保障						
提供休闲游憩						

C5. 您对目前的耕地保护政策：_____。
　　①非常了解　　　　　　　　②比较了解
　　③了解一些　　　　　　　　④不太了解
　　⑤不了解

C6. 您认为耕地保护的目的是（最多可选三项）：_____。
　　①保障粮食安全（产量）
　　②保障农产品安全（质量）
　　③保护生态环境
　　④保障社会稳定（就业、养老等）
　　⑤保障开敞空间（美学、游憩等）
　　⑥其他_____

C7. 您认为目前本地耕地资源生态效益是否在减少或降低：_____；
　　①是　　　　　　　　　　　②否
　　＊如果选是，您认为降低的原因是（可多选）：_____；
　　①面积减少　　　　　　　　②污染增加
　　③质量下降　　　　　　　　④其他_____
　　＊如果选否，您认为未降低的原因是（可多选）：_____。
　　①面积增加
　　②施用有机肥或缓释肥施用
　　③采取深翻或绿肥种植等提高了耕地地力
　　④其他_____

C8. 您对采取耕地奖补措施来防止耕地生态效益降低的行为：_____。
①赞成 ②不赞成
③不清楚

C9. 您是否希望自己的下一代继续从事农业生产：_____。
①是 ②否

D 受访者认受偿意愿

D1. 假设耕地需要按照①—③的要求利用，请在您可以接受的每年每亩耕地补偿金额前打"√"。

① 维持水稻种植	□550	□650	□750	□850	□950	□1 050	□1 150	□1 250	□1 350
② 实现绿色生产	□180	□200	□220	□240	□260	□280	□300	□320	□340
③ 提高耕地质量	□80	□120	□160	□200	□240	□280	□320	□360	□400

D2. 相应的耕地使用行为限制可以提升耕地的生态效益，请在权衡各项耕地使用行为限制和相应的奖补金额，投票给每个选择中您最能接受的一个方案。如果对两个方案都不满意，可以选择不要奖补但耕地利用不受限制。

第 1 次投票		
指标	方案 A	方案 B
作物选择	经济作物	水稻
是否深耕	是	否
绿肥种植	是	是
肥料选用	化学肥料	化学肥料
地力变化	下降 5%	上升 5%
补贴水平	800	800
请选择一个： ○投票给方案 A ○投票给方案 B ○都不选，不要补贴但也不受限制		

第 2 次投票		
指标	方案 A	方案 B
作物选择	水稻	水稻
是否深耕	是	是
绿肥种植	否	否
肥料选用	商品有机肥	有机缓释肥
地力变化	下降 5%	不变
补贴水平	800	1 000

请选择一个：
○投票给方案 A　　○投票给方案 B
○都不选，不要补贴但也不受限制

第 3 次投票		
指标	方案 A	方案 B
作物选择	经济作物	经济作物
是否深耕	是	是
绿肥种植	是	是
肥料选用	商品有机肥	有机缓释肥
地力变化	上升 5%	不变
补贴水平	400	800

请选择一个：
○投票给方案 A　　○投票给方案 B
○都不选，不要补贴但也不受限制

第 4 次投票		
指标	方案 A	方案 B
作物选择	水稻	水稻
是否深耕	否	是
绿肥种植	否	是
肥料选用	化学肥料	商品有机肥
地力变化	不变	不变
补贴水平	600	600

请选择一个：
○投票给方案 A　　○投票给方案 B
○都不选，不要补贴但也不受限制

第 5 次投票		
指标	方案 A	方案 B
作物选择	水稻	经济作物
是否深耕	是	是
绿肥种植	否	是
肥料选用	有机缓释肥	化学肥料
地力变化	不变	下降 5%
补贴水平	1 000	600
请选择一个： ○投票给方案 A　　○投票给方案 B ○都不选，不要补贴但也不受限制		

第 6 次投票		
指标	方案 A	方案 B
作物选择	水稻	经济作物
是否深耕	是	是
绿肥种植	否	是
肥料选用	有机缓释肥	化学肥料
地力变化	不变	下降 5%
补贴水平	1 000	600
请选择一个： ○投票给方案 A　　○投票给方案 B ○都不选，不要补贴但也不受限制		

*D3. 如果前面的几次投票，您始终选择不接受补贴自由使用耕地，最重要原因是（单选）：_____。
　①对我家庭影响不大
　②感觉生态不需要改善
　③担心补偿金额无法实现
　④不受限制能产生更大经济效益
　⑤其他原因_____

E 受访者的政策偏好与响应情况

E1. 您对目前耕地补偿政策：_____。
　　①非常满意　　　　　　②比较满意
　　③一般　　　　　　　　④不太满意
　　⑤很不满意

E2. 您对耕地保护各种补偿方式的需求程度为：

① 资金补偿（针对水稻）	□不需要	□不太需要	□一般需要	□比较需要	□很需要
② 资金奖励（有生产要求）	□不需要	□不太需要	□一般需要	□比较需要	□很需要
③ 实物补偿（无条件，良种化肥等）	□不需要	□不太需要	□一般需要	□比较需要	□很需要
④ 技术补偿（无条件）	□不需要	□不太需要	□一般需要	□比较需要	□很需要
⑤ 政策性补偿（贷款、保险等）	□不需要	□不太需要	□一般需要	□比较需要	□很需要

E3. 现有奖补水平下，您在生产过程中采用下列措施的意愿：

① 维持水稻种植	□不愿意	□不太愿意	□一般愿意	□比较愿意	□很愿意
② 实行秸秆还田	□不愿意	□不太愿意	□一般愿意	□比较愿意	□很愿意
③ 施用有机肥	□不愿意	□不太愿意	□一般愿意	□比较愿意	□很愿意
④ 施用缓释肥	□不愿意	□不太愿意	□一般愿意	□比较愿意	□很愿意
⑤ 减少农药施用	□不愿意	□不太愿意	□一般愿意	□比较愿意	□很愿意
⑥ 土地深翻	□不愿意	□不太愿意	□一般愿意	□比较愿意	□很愿意
⑦ 种植绿肥	□不愿意	□不太愿意	□一般愿意	□比较愿意	□很愿意

E4. 您是否能区分农业生产补贴和奖励的区别：_____。
　　①是　　　　　　　　　　　②否

E5. 您是否了解耕地地力保险：_____。
　　①非常了解　　　　　　　　②了解一些
　　③不太了解　　　　　　　　④没听过

E6. 您是否知道耕地地力保险有政府补贴：_____。
　　①知道，补贴80%　　　　　②知道，但不清楚补贴比例
　　③不知道　　　　　　　　　④不清楚

E7. 您认为耕地地力保险是：_____。
　　①耕地地力提高的奖励
　　②耕地地力降低的约束
　　③不清楚

E6. 您是否参加了本轮耕地地力保险：_____。
　　①是　　　　　　　　　　　②否
　　（填"①是"的人跳转到E7、E8题；填"②否"的人跳转到E9题）

E7. 您参加的原因是（可多选）：_____。
　　①村干部宣传　　　　　　　②看到其他农户参加
　　③对提高耕地质量有信心　　④为了支持耕地保护政策
　　⑤其他_____

E8. 在2021年的中期理赔中，您获得了_____元/亩的保险给付。
　　您对赔付情况是否满意：_____。
　　①非常满意　　　　　　　　②比较满意
　　③一般　　　　　　　　　　④不太满意
　　⑤很不满意

E9. 您没有参加的原因是（可多选）：_____。
　　①保险费太高
　　②保险奖励太低
　　③害怕耕地质量下降损失保费
　　④害怕耕地质量下降受处罚（丧失下一轮经营承包资格）
　　⑤保险期太长
　　⑥买保险的程序及保险条款太复杂

⑦对保险公司不信任
⑧其他_____
E10. 如果有下一轮的耕地地力保险,您是否愿意参加:_____。
　　①是　　　　　　　　　　　②否

附录二 正交实验结果

通过正交实验，综合效率和效果的情况下，最终形成了 36 个选择集，在调查中分 6 组随机发放。36 个选择集的情况如下：

A 组 6 个：

第 1 次投票		
指标	方案 A	方案 B
作物选择	经济作物	水稻
是否深耕	是	否
绿肥种植	是	是
肥料选用	化学肥料	化学肥料
地力变化	下降 5%	上升 5%
补贴水平	800	800

请选择一个：
○投票给方案 A   ○投票给方案 B
○都不选，不要补贴但也不受限制

第 2 次投票		
指标	方案 A	方案 B
作物选择	水稻	水稻
是否深耕	是	是
绿肥种植	否	否
肥料选用	商品有机肥	有机缓释肥
地力变化	下降 5%	不变
补贴水平	800	1 000

请选择一个：
○投票给方案 A   ○投票给方案 B
○都不选，不要补贴但也不受限制

第 3 次投票		
指标	方案 A	方案 B
作物选择	经济作物	经济作物
是否深耕	是	是
绿肥种植	是	是
肥料选用	商品有机肥	有机缓释肥
地力变化	上升 5%	不变
补贴水平	400	800
请选择一个：		
○投票给方案 A　　○投票给方案 B ○都不选，不要补贴但也不受限制		

第 4 次投票		
指标	方案 A	方案 B
作物选择	水稻	水稻
是否深耕	否	是
绿肥种植	否	是
肥料选用	化学肥料	商品有机肥
地力变化	不变	不变
补贴水平	600	600
请选择一个：		
○投票给方案 A　　○投票给方案 B ○都不选，不要补贴但也不受限制		

第 5 次投票		
指标	方案 A	方案 B
作物选择	水稻	经济作物
是否深耕	是	是
绿肥种植	否	是
肥料选用	有机缓释肥	化学肥料
地力变化	不变	下降 5%
补贴水平	1 000	600
请选择一个：		
○投票给方案 A　　○投票给方案 B ○都不选，不要补贴但也不受限制		

第 6 次投票		
指标	方案 A	方案 B
作物选择	水稻	经济作物
是否深耕	是	是
绿肥种植	否	是
肥料选用	有机缓释肥	化学肥料
地力变化	不变	下降 5%
补贴水平	1 000	600
请选择一个：		
○投票给方案 A　　○投票给方案 B		
○都不选，不要补贴但也不受限制		

B 组 6 个：

第 1 次投票		
指标	方案 A	方案 B
作物选择	水稻	经济作物
是否深耕	否	否
绿肥种植	是	是
肥料选用	化学肥料	有机缓释肥
地力变化	上升 5%	下降 5%
补贴水平	800	600
请选择一个：		
○投票给方案 A　　○投票给方案 B		
○都不选，不要补贴但也不受限制		

第 2 次投票		
指标	方案 A	方案 B
作物选择	经济作物	水稻
是否深耕	否	是
绿肥种植	否	否
肥料选用	商品有机肥	化学肥料
地力变化	下降 5%	下降 5%
补贴水平	1 000	800
请选择一个：		
○投票给方案 A　　○投票给方案 B		
○都不选，不要补贴但也不受限制		

第 3 次投票		
指标	方案 A	方案 B
作物选择	经济作物	经济作物
是否深耕	否	否
绿肥种植	是	否
肥料选用	有机缓释肥	商品有机肥
地力变化	下降 5%	上升 5%
补贴水平	600	800
请选择一个：		
○投票给方案 A　　○投票给方案 B ○都不选，不要补贴但也不受限制		

第 4 次投票		
指标	方案 A	方案 B
作物选择	经济作物	经济作物
是否深耕	是	是
绿肥种植	是	是
肥料选用	化学肥料	有机缓释肥
地力变化	下降 5%	不变
补贴水平	600	1 000
请选择一个：		
○投票给方案 A　　○投票给方案 B ○都不选，不要补贴但也不受限制		

第 5 次投票		
指标	方案 A	方案 B
作物选择	水稻	水稻
是否深耕	否	是
绿肥种植	否	否
肥料选用	有机缓释肥	商品有机肥
地力变化	上升 5%	上升 5%
补贴水平	400	600
请选择一个：		
○投票给方案 A　　○投票给方案 B ○都不选，不要补贴但也不受限制		

第 6 次投票		
指标	方案 A	方案 B
作物选择	经济作物	水稻
是否深耕	否	是
绿肥种植	否	否
肥料选用	有机缓释肥	化学肥料
地力变化	不变	不变
补贴水平	400	400

请选择一个：
○投票给方案 A　　○投票给方案 B
○都不选，不要补贴但也不受限制

C 组 6 个：

第 1 次投票		
指标	方案 A	方案 B
作物选择	经济作物	水稻
是否深耕	是	否
绿肥种植	是	是
肥料选用	有机缓释肥	化学肥料
地力变化	不变	不变
补贴水平	1 000	1 000

请选择一个：
○投票给方案 A　　○投票给方案 B
○都不选，不要补贴但也不受限制

第 2 次投票		
指标	方案 A	方案 B
作物选择	经济作物	经济作物
是否深耕	否	是
绿肥种植	否	否
肥料选用	化学肥料	商品有机肥
地力变化	不变	不变
补贴水平	400	400

请选择一个：
○投票给方案 A　　○投票给方案 B
○都不选，不要补贴但也不受限制

第 3 次投票		
指标	方案 A	方案 B
作物选择	水稻	经济作物
是否深耕	否	否
绿肥种植	是	否
肥料选用	有机缓释肥	化学肥料
地力变化	上升 5%	不变
补贴水平	400	400
<u>请选择一个：</u>		
○投票给方案 A　　○投票给方案 B ○都不选，不要补贴但也不受限制		

第 4 次投票		
指标	方案 A	方案 B
作物选择	经济作物	水稻
是否深耕	否	否
绿肥种植	否	否
肥料选用	有机缓释肥	商品有机肥
地力变化	上升 5%	下降 5%
补贴水平	1 000	1 000
<u>请选择一个：</u>		
○投票给方案 A　　○投票给方案 B ○都不选，不要补贴但也不受限制		

第 5 次投票		
指标	方案 A	方案 B
作物选择	水稻	经济作物
是否深耕	是	是
绿肥种植	是	否
肥料选用	化学肥料	有机缓释肥
地力变化	上升 5%	下降 5%
补贴水平	1 000	800
<u>请选择一个：</u>		
○投票给方案 A　　○投票给方案 B ○都不选，不要补贴但也不受限制		

第 6 次投票		
指标	方案 A	方案 B
作物选择	经济作物	水稻
是否深耕	否	否
绿肥种植	是	否
肥料选用	化学肥料	有机缓释肥
地力变化	上升 5%	上升 5%
补贴水平	800	400
请选择一个： ○投票给方案 A　　○投票给方案 B ○都不选，不要补贴但也不受限制		

D 组 6 个：

第 1 次投票		
指标	方案 A	方案 B
作物选择	水稻	经济作物
是否深耕	是	是
绿肥种植	否	是
肥料选用	化学肥料	商品有机肥
地力变化	不变	上升 5%
补贴水平	400	400
请选择一个： ○投票给方案 A　　○投票给方案 B ○都不选，不要补贴但也不受限制		

第 2 次投票		
指标	方案 A	方案 B
作物选择	经济作物	经济作物
是否深耕	否	是
绿肥种植	是	是
肥料选用	商品有机肥	化学肥料
地力变化	不变	下降 5%
补贴水平	1 000	800
请选择一个： ○投票给方案 A　　○投票给方案 B ○都不选，不要补贴但也不受限制		

第 3 次投票		
指标	方案 A	方案 B
作物选择	经济作物	水稻
是否深耕	否	是
绿肥种植	否	否
肥料选用	化学肥料	有机缓释肥
地力变化	下降 5%	上升 5%
补贴水平	600	1 000

请选择一个：

○投票给方案 A　　○投票给方案 B
○都不选，不要补贴但也不受限制

第 4 次投票		
指标	方案 A	方案 B
作物选择	水稻	经济作物
是否深耕	是	否
绿肥种植	否	是
肥料选用	化学肥料	化学肥料
地力变化	下降 5%	上升 5%
补贴水平	800	800

请选择一个：

○投票给方案 A　　○投票给方案 B
○都不选，不要补贴但也不受限制

第 5 次投票		
指标	方案 A	方案 B
作物选择	经济作物	水稻
是否深耕	是	否
绿肥种植	是	是
肥料选用	商品有机肥	商品有机肥
地力变化	上升 5%	不变
补贴水平	600	800

请选择一个：

○投票给方案 A　　○投票给方案 B
○都不选，不要补贴但也不受限制

第 6 次投票		
指标	方案 A	方案 B
作物选择	水稻	水稻
是否深耕	否	是
绿肥种植	是	是
肥料选用	商品有机肥	化学肥料
地力变化	下降 5%	上升 5%
补贴水平	400	1 000
请选择一个： ○投票给方案 A　　○投票给方案 B ○都不选，不要补贴但也不受限制		

E 组 6 个：

第 1 次投票		
指标	方案 A	方案 B
作物选择	水稻	水稻
是否深耕	否	否
绿肥种植	是	否
肥料选用	商品有机肥	化学肥料
地力变化	不变	不变
补贴水平	800	600
请选择一个： ○投票给方案 A　　○投票给方案 B ○都不选，不要补贴但也不受限制		

第 2 次投票		
指标	方案 A	方案 B
作物选择	水稻	经济作物
是否深耕	是	否
绿肥种植	否	是
肥料选用	有机缓释肥	商品有机肥
地力变化	上升 5%	不变
补贴水平	1 000	1 000
请选择一个： ○投票给方案 A　　○投票给方案 B ○都不选，不要补贴但也不受限制		

第 3 次投票		
指标	方案 A	方案 B
作物选择	水稻	经济作物
是否深耕	是	否
绿肥种植	否	否
肥料选用	商品有机肥	有机缓释肥
地力变化	上升 5%	上升 5%
补贴水平	600	1 000

请选择一个：

○投票给方案 A　　○投票给方案 B
○都不选，不要补贴但也不受限制

第 4 次投票		
指标	方案 A	方案 B
作物选择	水稻	经济作物
是否深耕	否	否
绿肥种植	否	否
肥料选用	商品有机肥	商品有机肥
地力变化	下降 5%	下降 5%
补贴水平	1 000	1 000

请选择一个：

○投票给方案 A　　○投票给方案 B
○都不选，不要补贴但也不受限制

第 5 次投票		
指标	方案 A	方案 B
作物选择	经济作物	水稻
是否深耕	是	否
绿肥种植	否	是
肥料选用	化学肥料	有机缓释肥
地力变化	上升 5%	上升 5%
补贴水平	600	400

请选择一个：

○投票给方案 A　　○投票给方案 B
○都不选，不要补贴但也不受限制

第 6 次投票		
指标	方案 A	方案 B
作物选择	经济作物	水稻
是否深耕	是	是
绿肥种植	否	是
肥料选用	有机缓释肥	有机缓释肥
地力变化	下降 5%	下降 5%
补贴水平	800	400
请选择一个： ○投票给方案 A　○投票给方案 B ○都不选，不要补贴但也不受限制		

F 组 6 个：

第 1 次投票		
指标	方案 A	方案 B
作物选择	水稻	水稻
是否深耕	否	是
绿肥种植	是	是
肥料选用	有机缓释肥	商品有机肥
地力变化	下降 5%	不变
补贴水平	600	600
请选择一个： ○投票给方案 A　○投票给方案 B ○都不选，不要补贴但也不受限制		

第 2 次投票		
指标	方案 A	方案 B
作物选择	经济作物	经济作物
是否深耕	是	是
绿肥种植	是	否
肥料选用	有机缓释肥	化学肥料
地力变化	不变	上升 5%
补贴水平	800	600
请选择一个： ○投票给方案 A　○投票给方案 B ○都不选，不要补贴但也不受限制		

第 3 次投票		
指标	方案 A	方案 B
作物选择	经济作物	经济作物
是否深耕	否	否
绿肥种植	否	否
肥料选用	商品有机肥	化学肥料
地力变化	上升 5%	下降 5%
补贴水平	800	600

请选择一个：

○投票给方案 A　　○投票给方案 B
○都不选，不要补贴但也不受限制

第 4 次投票		
指标	方案 A	方案 B
作物选择	水稻	水稻
是否深耕	是	是
绿肥种植	是	否
肥料选用	有机缓释肥	商品有机肥
地力变化	下降 5%	下降 5%
补贴水平	400	800

请选择一个：

○投票给方案 A　　○投票给方案 B
○都不选，不要补贴但也不受限制

第 5 次投票		
指标	方案 A	方案 B
作物选择	水稻	经济作物
是否深耕	否	是
绿肥种植	是	是
肥料选用	化学肥料	商品有机肥
地力变化	不变	上升 5%
补贴水平	1 000	600

请选择一个：

○投票给方案 A　　○投票给方案 B
○都不选，不要补贴但也不受限制

第 6 次投票		
指标	方案 A	方案 B
作物选择	经济作物	水稻
是否深耕	是	否
绿肥种植	否	是
肥料选用	商品有机肥	有机缓释肥
地力变化	不变	下降 5%
补贴水平	400	600

请选择一个：

○投票给方案 A　　○投票给方案 B
○都不选，不要补贴但也不受限制

附录三　长三角地区市级耕地保护补偿的全要素产生率及其分解

地区		技术效率 effch	技术变动 techch	纯技术效率变化 pech	规模效率变化 sech	全要素生产率 tfpch
安徽省	合肥市	1.063	0.441	1.141	0.932	0.469
	淮北市	1.293	0.464	1.236	1.047	0.601
	亳州市	1.085	0.440	1.000	1.085	0.478
	宿州市	1.060	0.425	1.000	1.060	0.450
	蚌埠市	1.161	0.427	1.102	1.053	0.496
	阜阳市	0.962	0.445	1.000	0.962	0.428
	淮南市	1.123	0.408	1.114	1.008	0.459
	滁州市	1.264	0.427	1.010	1.252	0.539
	六安市	1.172	0.436	0.987	1.188	0.511
	马鞍山市	1.000	0.490	1.000	1.000	0.490
	芜湖市	1.141	0.516	1.081	1.056	0.589
	宣城市	1.257	0.457	1.152	1.091	0.575
	铜陵市	0.956	0.518	0.965	0.990	0.495
	池州市	1.408	0.471	1.293	1.089	0.663
	安庆市	1.055	0.474	0.907	1.163	0.500
	黄山市	1.452	0.481	1.216	1.194	0.699
江苏省	南京市	1.162	0.459	0.976	1.191	0.533
	无锡市	1.419	0.489	1.007	1.409	0.693
	徐州市	0.833	0.454	1.000	0.833	0.378

续表

地区		技术效率 effch	技术变动 techch	纯技术效率变化 pech	规模效率变化 sech	全要素生产率 tfpch
江苏省	常州市	1.378	0.504	1.058	1.303	0.695
	苏州市	1.356	0.484	1.002	1.353	0.656
	南通市	0.939	0.452	1.000	0.939	0.424
	连云港市	0.954	0.409	0.998	0.956	0.390
	淮安市	0.885	0.417	0.993	0.892	0.369
	盐城市	0.933	0.416	1.000	0.933	0.388
	扬州市	1.101	0.463	1.040	1.059	0.510
	镇江市	1.191	0.491	1.048	1.137	0.585
	泰州市	1.083	0.466	1.038	1.043	0.505
	宿迁市	0.863	0.417	0.987	0.874	0.360
上海市	上海市	0.837	0.501	0.964	0.869	0.420
浙江省	杭州市	1.118	0.486	1.000	1.118	0.543
	宁波市	1.330	0.473	1.016	1.309	0.629
	温州市	1.090	0.486	1.024	1.064	0.529
	嘉兴市	1.184	0.477	1.000	1.184	0.565
	湖州市	0.985	0.489	1.000	0.985	0.481
	绍兴市	1.308	0.483	1.036	1.262	0.631
	金华市	1.156	0.495	1.022	1.132	0.573
	衢州市	0.936	0.474	1.001	0.935	0.444
	舟山市	1.186	0.592	1.011	1.173	0.703
	台州市	1.109	0.485	1.027	1.079	0.538
	丽水市	0.883	0.483	0.972	0.908	0.426

附录四　松江区农业综合补贴政策改革试点实施方案（试行）

为深入贯彻实施乡村振兴战略，提高农业补贴资金使用效率，推动本区都市现代绿色农业发展，按照《财政部、农业农村部关于印发〈建立以绿色生态为导向的农业补贴制度改革方案〉的通知》的要求，结合本区实际情况，制定本方案。

一、总体要求

以农业绿色发展为导向，深入推进财政惠农补贴资金统筹整合，全面实行"大专项+任务清单"管理方式，将农业综合补贴、农业生态与农产品安全专项补贴资金进行有效整合，推动农业补贴由"补过程"向"补结果"转变，提高农业补贴政策的精准性、导向性和实效性，引导农业生产经营主体转变农业生产经营方式，提升绿色生产能力，保护生态环境，促进农业提质增效。

二、主要内容

（一）提高农产品绿色生产水平

实施"藏粮于技"战略，按照农业绿色发展总体要求，重点支持农业结构调整、农作物绿色生产技术、农业生态循环模式的推广应用、农产品标准化生产、绿色认证、农业"机器换人"、农业信息化和智能化技术应用。

（二）保护农业农村生态环境

实施"藏粮于地"战略，重点支持农田轮作休耕和耕地质量提升，农业资源循环利用，化肥农药减量使用，农药、兽药等农资包装废弃物回收处置等，鼓励农业生产经营主体实施清洁化生产，开展农业面源污染治理，发展环境友好型农业，提高农业可持续发展能力。

（三）鼓励适度规模经营

促进新型农业生产经营主体发展，鼓励土地规范流转，重点支持发展多种类型家庭农场，建立以服务产业发展为重点的专业农民合作联社，完善家庭农场与联社的利益衔接机制；支持农业龙头企业与新型农业生产经营主体融合发展；鼓励建立专项服务和综合服务相协调的农业社会化服务组织，提高农业规模化、专业化、组织化水平。

（四）促进农业提质增效

重点支持农业生产经营主体实施标准化绿色生产、全程质量追溯管理、农产品加工、农业绿色品牌创建和农产品线上线下销售，进一步提高农业综合发展水平，增强市场竞争能力。

（五）提高农业抵抗风险能力

实施蔬菜价格保险保费补贴，鼓励探索耕地地力指数保险等新型农业保险险种，扩大保险覆盖面。引导社会资本投入，发挥市场机制作用。增强农业生产经营主体抵抗自然风险的能力，保障农业生产经营主体的稳定发展。

三、补贴方式

（一）加强分类管理

按照农业绿色发展要求，对农业生产经营主体实施分类补贴。农业生产经营按有机认证、绿色认证、一般经营标准分类，在分类基础上，按任务清单完成情况及综合考评结果进行补贴。农业补贴全部采取"一卡通"拨付的现金直补，取消物化补贴。补贴标准根据农产品价格和农业生产成本变动情况进行动态调整。

（二）明确任务目标

对各类农业生产经营主体明确任务清单，实施目标考核。任务清单包括农业生产经营主体落实耕地保护措施、应用绿色生产技术、提升农产品质量、提高农业机械化水平、采用农业生产信息化技术及参加农业保险等内容，同时不违反法律法规和各级农业主管部门相关规定的行为。

（三）实施清单管理

区农业农村委定期根据年度任务清单，对农业生产经营主体的任务完成情况进行核查，并将核查结果与补贴发放挂钩。生产经营主体完成任务清单所规定内容的，享受相应补贴；如发生违反法律法规和各级农业主管部门相关规定行为以及政策所禁止内容的，予以降级或取消补贴处理。

（四）强化过程管理

农业生产经营者必须将农业生产过程信息上传种植业管理系统，做到相关信息的填报完整、及时、准确，实现农业生产全过程可追溯。相关信息作为考评生产经营主体完成任务清单情况的依据。

四、保障措施

（一）明确工作责任

区农业农村委和区财政负责制定实施细则，确定任务清单，核定补贴标准。镇政府主要负责日常生产管理，考核评定，资料审核，并按要求进行公示、登记和上报。

（二）加强监管力度

区、镇农业部门要全过程监管，采取委托第三方核查、定期或随机抽查等方式对生产经营主体开展考核评价，提高农业生产经营主体诚信意识。

（三）开展绩效评价

区财政局会同有关部门加强绩效评价，突出绿色生态导向，不断完善农业补贴政策，提高政策引导效应。

（四）加强宣传指导

区镇农业部门要利用各种有效途径，强化政策宣传，提高政策的知晓度，增强农业生产经营者生态保护意识。各级农业部门要加强对生产经营主体绿色生产和信息化管理的指导，确保补贴政策精准实施。

本方案自 2020 年 1 月 1 日起实施，有效期至 2020 年 12 月 31 日。

附件：1. 农业补贴申报主体分类管理细则
2. 农业补贴申报主体年度任务清单
3. 松江区农业综合补贴政策改革试点实施细则

附件1：

农业补贴申报主体分类管理细则

第一条 根据《农业综合补贴政策改革试点实施方案》制定本细则。

第二条 农业政策补贴采取主体申报制。由农业生产经营主体向当地农业主管部门提出申请，并同时提供申请补贴所需的相关材料。

第三条 农业补贴申报主体要在本市有固定住所，以从事农业生产经营为主，有固定收入来源的农业生产者或经营组织。

第四条 享受农业补贴政策的农业生产经营主体，须完成当地农业主管部门所确定的年度任务清单，同时不能有发生违反法律法规、各级农业主管部门相关规定的行为。

第五条 补贴政策按有机认证、绿色认证和一般经营三种类型进行分类实施，根据不同类型确定年度任务清单、补贴标准及考核方式。

第六条 对补贴对象的管理可采取委托第三方、农业部门（单位）抽查、年终综合考评等方式进行。并依据各项结果进行补贴发放。

第七条 补贴申报主体应主动在种植业生产管理信息系统填报所有生产信息，并确保所填信息完整、准确。对虚报以及数字做假的，由农业主管部门按虚报数字二倍扣除补贴，直至全部扣除。

第八条 对违反法律法规，发生重大农产品质量安全事故，违反区级农业主管部门相关规定的，取消相应补贴。同时，取消下一年度农业补贴申报资格，并根据后期整改情况由镇级农业主管部门申请，区级农业主管部门评判决定是否恢复补贴申报资格。

第九条 本细则自2020年1月1日起实施，有效期至2020年12月31日。

附件 2：
农业补贴申报主体年度任务清单

项目	政策支持内容	政策禁止内容
提高农业生产水平	种植经审定，且为农业主管部门建议推广的优质农作物品种	种植未经本市审定的农作物品种
保障农产品供给	常年种植绿叶菜，落实绿叶菜保淡面积	—
开展轮作休耕	采取水稻-绿肥、水稻-深翻茬口模式	—
耕地质量保护与提升	使用有机肥、缓释肥等环境友好型肥料，以及实施耕地保护措施	改变耕地属性，破坏耕地质量
推广绿色生产技术	使用测土配方施肥、水肥一体化、绿色防控等绿色生态农业技术	使用高毒农药、违禁农药
农业生产机械化	开展农业机械化生产	—
农产品质量认证	具有有机、绿色农产品质量认证	认证农产品检出不合格产品
生产信息化管理	实施农业标准化生产，纳入种植业生产管理信息系统管理	—
农业资源化利用	实施秸秆还田及回收综合利用，开展农药、兽药等农资包装废弃物回收处置	田间焚烧秸秆
农业抗风险能力	购买农业保险	—
其他	落实农业主管部门的规划	违反法律法规和各级农业主管部门相关规定

附件 3：
松江区农业综合补贴政策改革试点
实施细则

为了更好地实施乡村振兴战略，适应都市现代农业发展新阶段，有力推动农业供给侧结构性改革，坚持绿色生态可持续发展和资源环境保护并举，稳定农业生产和农民持续增收，率先基本实现农业农村现代化为目标，进一步优化农业补贴政策制度设计，提高政策的导向性和精准性，强化财政资金引导和扶持作用发挥，为都市现代农业发展注入更多的活力，根据《松江区农业综合补贴政策改革试点实施方案》，制定如下实施细则。

一、基本原则

一是扶持力度不变，确保稳定粮食、蔬菜生产能力，保持农民种粮积极性；二是优化补贴结构，创新补贴项目，充分体现补贴资金导向性；三是创新农业管理方式，发挥财政补贴资金作用。

二、主要目标

定位于"保障农业生产，增加农民收入，保护资源环境"，取消物化补贴，改变补贴方式，把原来以核定面积或产量的直接补贴，改为通过考核结果判定的直接补贴，实现由"黄箱"向"绿箱"政策的转变；突出政策性补贴的导向性绩效，精准施策。

三、补贴项目设计

（一）普惠性直补项目

1. 粮食（水稻）生产补贴

粮食（水稻）设立3项补贴项目类别，粮食生产环境保护补贴、粮食家庭农场考核奖励、粮食收购差价补贴。

（1）粮食生产环境保护补贴

对农户落实种植一茬水稻，冬季休耕轮作种植绿肥或冬翻，秸秆综合利用，机械播栽，规范用种，减肥减药，农药、兽药等农资包装废弃物回收处置等生产技术措施实施补贴。

补贴标准：550元/亩；开展水稻秸秆机械粉碎还田的面积，按还田面积叠加50元/亩。

补贴对象：粮食生产的种植户（单位）；秸秆机械粉碎还田补贴补给农机作业服务的农机户（合作社）。

考核方式：区制定任务类考核实施意见，委托第三方、实施部门或单位，在实种面积的基础上，对申请补贴的种植户应用推广的水稻品种、采取水稻-绿肥（深翻）茬口模式、绿肥（深翻）种植质量、是否按区植保部门药方使用配送农药防治、开展农业机械化生产程度、秸秆还田利用等效果开展考核，按考核结果发放补贴。

（2）粮食家庭农场考核奖励

对家庭农场生产管理情况以负面清单方式按季度进行考核，主要内容为新农艺应用、病虫草防控效果、安全用药、秸秆禁烧、农田环境，农药、兽药等农资包装废弃物回收等。

奖励标准：200元/亩。

奖励对象：家庭农场。

考核方式：制定家庭农场考核奖励实施意见，由村委会组建的考核小组每季度一次按负面清单内容对家庭农场进行考核，根据考核结果实施奖励。

（3）粮食收购差价补贴

以保护农民种粮积极性，稳定粮食生产能力，提升粮食生产质量，以实现价补分离为目标，建立粮食价补分离机制，设定以稻谷1.5元/市斤为基准，粮食部门以国家保护价收购结算，对照基准价格，差价部分给予浮动补贴。

补贴标准：按交售国家粮库稻谷数（重）量×每市斤差价。

补贴对象：水稻种植户（单位）。

测算方式：当市场价格收购稻谷低于基准价时，启动粮食价补分离机制，按种植户交售国家粮库稻谷数（重）量乘以每市斤差价后补贴到户，一卡通直接拨付。如：当年度粮食部门市场收购价格为1.3元/市斤时，比基准价差0.2元/市斤，补贴额度为种植户交售国家粮库稻谷数（重）量×0.2元/市斤。

2. 蔬菜生产补贴

以结果为导向，加大地产蔬菜生产基地和大户的扶持力度，促进蔬菜生产基地生态、绿色、高效地开展生产管理，设立蔬菜生产环境保护贴。

蔬菜生产环境保护补贴

对开展绿色生产、安全用药、绿色防控、减肥减药（水肥一体）、机械化率、土壤保育和改良、施用有机肥等技术措施和实施蔬菜标准园长效管护机制的蔬菜生产基地或 10 亩以上（含 10 亩）种植户实施生产和环境资源保护补贴。

补贴标准：400 元/亩；常年绿叶菜基地叠加补贴 100 元/亩；利用蔬菜废弃物沤制有机肥叠加补贴 250 元/亩；机械化率达到考核标准的叠加补贴 200 元/亩；蔬菜标准园建立并实施长效管护机制，按实施面积叠加 50 元/亩。

补贴对象：10 亩以上（含 10 亩）蔬菜种植户、蔬菜生产基地。

考核方式：区制定任务类考核实施意见，委托第三方、实施部门或单位，在菜田面积的基础上，对申请补贴的种植户开展安全用药，绿色防控，减肥减药，土壤保育和改良，开展农业机械化生产，利用蔬菜废弃物沤制有机肥还田，农药包装废弃物、地膜回收，蔬菜标准园长效管护机制等结果开展考核，按考核结果发放补贴。

（二）项目实施类奖补

对在本区范围内从事农业生产的农户、家庭农场、合作社、农业企业、技术单位承担市或区下达的项目任务实施奖补。

1. 耕地质量保护和提升奖补

（1）根据上海市耕地质量保护与提升、农业生态环境专项治理三年行动计划的要求，对耕地质量保护和提升项目中的菜田土壤保育与改良项目、水肥一体化项目、菜田绿色防控项目、粮食绿色生产基地建设项目、经济作物（草莓）病虫害绿色防控示范区建设、耕地地力监测和灌溉水质监测等项目，由区农技中心按市要求和考核面积（数量）落实实施单位，并制定考核或实施意见。项目奖补标准，根据市农业农村委每年下达的"农业生态与农产品安全"专项中"耕地地力保护补贴"和"菜田地力保护补贴"的资金数量，按区农业农村委制定的"耕地质量保护和提升项目补贴实施意见"文件执行。

（2）农药、兽药等农资包装废弃物回收处置专项，由区农业农村委委托第三方开展，项目预算资金 150 万元/年。

2. 绿色农业发展奖补

对在本区拥有固定农业生产基地，农产品质量稳定，且开展绿色食品或有机农产品认证的农业企业、农民专业合作社、家庭农场等农产品生产经营主体进行奖补，奖补共分绿色认证、产业化、绿色农药、品牌培育、标准化等内容。奖补办法按区农业农村委制定的"促进绿色农业发展奖补实施意见"文件执行。

（三）依申请非全额类项目补贴

商品有机肥和缓释肥补贴、农业保险补贴、农机具购置补贴等非全额补贴类项目，在农户或农业生产单位自愿实施并自付一定比例资金的条件下给予一定的财政补贴。

1. 商品有机肥补贴

在计划数量指标内，本辖区内从事农业生产的农户或农业生产单位购买使用商品有机肥，每吨补贴 300 元。

2. 缓释肥补贴

在计划数量指标内，本辖区内从事农业生产的农户或农业生产单位购买使用缓释肥，每吨补贴 2 000 元。

3. 农业保险补贴

在本辖区内从事农业生产，并在本市保险经营机构投保种植业类、养殖业类、种源类、涉农财产类、价格指数类等险种的农户或农业生产单位，给予财政保费补贴，补贴办法按照区农业农村委制定的"农业保险财政补贴实施方案"文件执行。

4. 农机具购置补贴

对本区内直接从事农业生产，具有本区户籍的个人和在本区登记注册的农业生产经营组织，申请购买的在上海市农业机械购置补贴范围内的农机具，及部分公益性强、节能效果好、本区急需试验示范推广的而尚未纳入市补贴范围的新机具，给予财政资金补贴。补贴办法按照区农业农村委制定"农业机械购置补贴实施办法"文件执行。

四、工作要求

（一）强化组织领导。各补贴项目具体实施部门承担项目执行和资金使用的主体责任，要明确责任，完善工作制度，做好工作总结和绩效评价，确保项目有效落实。

（二）细化操作方案。各补贴项目具体实施部门，要制定相应的实施方案、考核方案，明确实施或考核内容，规范资金使用程序。

（三）规范操作程序。按财务规则制度做好资金的发放，补贴类资金严格执行核实公示制度，自下而上逐级核实上报，公示时间不少于7个工作日。项目类资金要按照实施方案规范操作。现金补贴一律实行银行"一卡（折）通"支付方式拨付，并做好补贴发放台账和档案管理。

五、实施期限

2020年1月1日—2020年12月31日。

附录五　松江区家庭农场考核奖励实施意见

为了稳定全区粮食生产，不断提高家庭农场生产管理水平，进一步优化完善家庭农场考核工作制度，充分发挥财政资金的激励机制，保障财政奖补资金使用更具有效性和针对性，根据《关于印发〈松江区农业综合补贴政策改革试点实施方案（试行）〉的通知》（松农发〔2019〕102号）精神以及区财政奖励资金绩效评估管理办法的具体要求，结合松江家庭农场发展现状，对全区家庭农场考核奖励资金和考核内容进行调整与修订，特制定了本实施意见，具体如下。

一、考核奖励标准

每亩考核奖励标准为200元。

二、考核对象

全区家庭农场经营者。

三、考核方法

全区统一采用"负面清单"考核方法。考核按农业生产不同的时节每年分四次对家庭农场进行考核，原则上每个季度考核一次。全年综合四次考核结果予以奖励。

四、考核内容

家庭农场应执行好上级政府和农业部门制定的有关文件精神，接受农业技术服务部门的工作指导，服从村（居）委会日常农业生产工作的管理与配合考核，切实履行家庭农场生产管理责任，不断提升生产能力与经营水平。

（一）取消奖励资格的行为

若家庭农场在本年度内出现以下行为之一，将作"一票否决"处理，全额取消考核奖励。具体是：1. 发生大田秸秆焚烧；2. 出现转包或代管的；3. 经营面积虚报或拼装；4. 拒缴或拖欠土地流转费；5. 使用违禁农药；6. 在粮食销售中出借、混用售粮凭证或交售非自产粮食的；7. 倒卖或转租国家补贴农机行为的；8. 被判刑、拘役或组织、参加非法群访闹访等。家庭农场发生以上任何一条行为的，一经查实，将取消该家庭农场全部奖励，并建议所在村（居）委会或土地管理单位通过相关程序取消其家庭农场资格，同时终止该家庭农场签订的土地承包合同。

（二）常规考核内容

1. 农业生产

茬口安排：服从镇（街道）农业部门、村（居）委会的茬口布局安排。

种植基础：水稻标准田块做到田块平整并配套一竖二横田间沟，每2~3年新做田埂一次；绿肥标准田块配套三竖二横田间沟。

规范用种：按照市水稻种子供应体系改革方案，在区推荐优质水稻品种目录中可自主选择品种。若种植户种植区推荐目录外的水稻品种必须向镇（街道）农业部门申报同意后，再由镇（街道）向区农技部门申报备案，经审核批准后方可引进种植。未经审核批准擅自种植的行为属违规用种。

机械播种：水稻播种方式必须采取机直播或机插秧。若有特殊原因无法机械播种须经镇（街道）农业部门确认和报备。

配送用药：统防统治，按实足量使用区农技部门推荐配送补贴目录农药，配合农药配送工作，不得私自购买使用。

病虫防治：按植保信息及时做好病虫防治，做到田间无明显病害、虫害发生。

适时收种：按照区农业农村委"三夏"、"三秋"工作意见规定的时间做好农作物播种与收割。若遇特殊气候的年份，按区农业农村委调整后的时间执行。

按时冬翻：冬翻田块必须在冬至前完成耕翻。若遇特殊气候的年份，按区农业农村委调整后的时间执行。

粮食交售：遵守预约交售（烘干）制度和交售秩序，做好预约交售（烘干）工作。

2. 生态农业

做好田间杂草稻的防控，发生杂草稻田块应拔除干净；做好田间杂草的清除；田埂无杂草丛生，田边无乱种乱搭；做好外围沟清理，做到无杂草、无杂物垃圾，沟底无淤泥，确保排灌通畅；每次植保防治工作结束后，做好农药包装废弃物的收集，并送到指定的存储地方，确保农田旁边无农药包装废弃物。

3. 培训工作

家庭农场应积极参加上级农业部门组织的各类农业生产知识培训，不得无故缺席。

五、考核程序

家庭农场管理考核的主体是所在村（居）委会或所在区域土地管理单位及农业部门。具体考核程序如下。

（一）村级现场考核

村（居）委会组建考核小组，小组成员由村（居）委会成员（农副主任任组长）和老党员、老干部、网格长等代表组成，考核小组由5～9人组成。考核小组对本村（居）每户家庭农场对照本实施意见按季度进行考核。

在考核小组现场考核前，应提前告知家庭农场考核内容和具体考核时间，对生产管理中存在不足的地方，先口头提醒督促其整改。考核时，发现整改不到位或未整改，根据考核内容要求直接扣除，并拍照取证。每次现场考核结果由家庭农场和考核小组成员当场签字确认。

对于部分已经撤村撤队的镇（街道）由土地管理单位或农业部门组建考核小组负责日常考核与管理等。

（二）镇级部门核查

各镇（街道）农业部门安排联系村的工作人员对考核工作进行现场指导与督查，对村（居）委会上报的考核结果进行核查，一年不少于二次，抽取30％的家庭农场进行现场复核，确保考核结果的准确性。

（三）区级部门核查

区农业农村委接到镇（街道）农业部门上报的考核结果后，将对收到的考核结果进行随机抽查，比例不低于5％。区级核查结果与上报结果不一致时，区农业农村委将核查意见及时反馈镇（街道）农业部门，镇（街道）农业部门应当及时通知村（居）委会进行整改，责令其重新组织考核。

在区级核查中，水稻实种面积（包括绿肥、深翻面积）委托第三方进行核查，若发现上报面积与核查面积不一致时，确认结果以第三方核查面积为准；其他违规问题根据上级相关部门情况反馈意见或调查结果为准。

六、结果上报

村（居）委会在每次考核结束后，考核结果在村（居）务公开栏公示5日。公示完毕无异议后，由农副主任填写上报统计表，由村主任签字加盖村委会公章后，报镇（街道）农办、农业服务中心审核与备案。

各镇（街道）农业部门收到村（居）委会上报考核结果后，对村（居）委会上报考核情况进行核查。核查结束后由镇（街道）农业部门签字盖章后报区农业农村委。

七、资金发放

区农业农村委对各镇（街道）上报考核结果进行抽查核实通过后，将家庭农场考核奖励资金明细表下发至各镇（街道），由各村（居）委员会通知每户家庭农场对考核奖励金额明细表签字确认，然后进行公示7日。公示结束后上报镇（街道）农业部门，审核无误后，分管领导签字加盖镇人民政府（街道办事处）公章上报区农业农村委。

区农业农村委将汇总后的家庭农场考核奖励明细表报区财政局，区财政局通过"一卡通"方式直接拨付给家庭农场。

八、工作要求

（一）加强领导

各镇（街道）、村（居）委会分别组建领导小组和考核小组，切实加强对家庭农场"负面清单"考核奖励工作的领导与指导，明确分工，各司其职。领导小组重点负责考核工作部署、阶段工作督导，以及对考核中发现的不足和问题及时研究、督促并落实整改。

（二）加强宣传

各镇（街道）要加强对本实施意见的宣传工作，镇（街道）农业部门、相关科室及村（居）委会务必领会实施意见精神，指导好村（居）委会考核小组开展考核工作。同时将实施意见传达至每户家庭农场，保障家庭农场知晓考核内容，确保考核工作顺利开展。

（三）强化督查

各级农业部门要切实履行好督查与监管工作职责，考核工作要宣传布置到位、复核检查到位和监督抽查到位。同时，在考核过程中，各镇（街道）农业部门与村（居）委会应做好相关证据收集，把有关照片、文字资料及时整理和分类存档。

（四）严肃纪律

财政奖励资金有着严格的使用要求，各级农业部门严格把关家庭农场真实性，确保专款专用，严禁假冒骗取、截留挪用和超范围支出，严肃财经纪律，落实监管责任，确保奖励资金落实到位。

本实施意见自发布之日起实施，由区农业农村委种植业办负责解释。实施期限为2020—2021年。

附件：松江区家庭农场"负面清单"考核内容及扣除奖励标准一览表

附件：

松江区家庭农场"负面清单"考核内容及扣除奖励标准一览表

单位：元/亩

分类	序号	考核项目	扣款内容	扣款标准	合计
一票否决	1	秸秆禁烧	发生稻麦秸秆焚烧的，扣除全部奖励。	200	
	2	转包代管	出现转包代管的，扣除全部奖励。	200	
	3	虚报或拼装	经营合同面积有拼装、挂靠和虚报面积的，扣除全部奖励。	200	
	4	租金缴纳	土地流转费不按时缴纳，扣除全部奖励。	200	
	5	违禁农药	使用违禁农药，扣除全部奖励。	200	
	6	违规售粮	出售、混用售粮非自产粮食，扣除全部奖励。	200	
	7	补贴农机	国家补贴农机有违规倒卖、转租、擅自跨区作业行为的，扣除全部奖励。	200	
	8	违纪违法	被判刑、拘役等或参加非法群众闹访的，扣除全部奖励。	200	
每季考核	1	农业包装废弃物回收	每次防治结束后，没做好农药包装废弃物的收集和送到指定存放处，田间田旁边有农药包装废弃物，每次考核发现一次扣除该项奖励一次。	20	
	2	农田环境	没有做好外围沟日常保洁，水沟内有杂草和垃圾，田埂杂草丛生，田边乱种乱搭。每次考核发现一次扣除该处旁边田块面积奖励一次。	60	
	3	农民培训	积极参加各类培训，没有请假批准无故缺席一次培训扣除每亩 5 元，直至扣完。	20	

续表

序号	分类	考核项目	扣款内容	扣款标准	合计
1	第一季度	绿肥沟系配套	标准田块绿肥达不到三竖二横标准要求的，按实际发生亩数扣除相应奖励。	60	
2		上报面积真实	上报的绿肥和耕田深翻面积与实际面积不一致，一经查实按实际发生亩数扣除该项奖励。	20	
3		规范用种	擅用自留种子、外引种子等违规用种，一经查收前一经查实扣除该项奖励（区统一供种外的品种种植须向镇农业部门申报并经区农技中心申报审核同意，未经同意擅自种植的属违规用种）。	100	
4	第二季度	适时播种	超过区农委三夏工作意见规定的水稻播种日期的（特殊年份按区农委调整时间），按实际发生亩数扣除相应奖励。	50	
5		水稻种植基础	田块平整、标准田块配套一竖二横田间沟，每2~3年新做田更一次等种植基础，某一项没达到标准要求的，按实际发生亩数扣除相应奖励。	50	
6		机械播种应用	水稻播种没采取机直播或机械播种而人工播栽的（若有特殊原因无法机械播种须经镇农业管理部门确认）。	50	
7	第三季度	安全用药	统防统治，按实足量做好病虫防治，未使用配送农药，未按配送农药单位实际配送农药的，一经查实每次扣除20元直至扣完该项奖励农药单位实际配送农药的统计为准。不得私自购买农药，不得私自购买配送补贴目录外农药，一经查实扣除20元直至扣完该项奖励（按配送农药单位实际配送农药的统计为准）。	100	
8		病虫防治	按植保信息做好病虫防治，未按时间和工作要求进行防治，并有明显病虫害发生的按实际发生亩数扣除相应奖励。	20	

续表

序号	分类	考核项目	扣款内容	扣款标准	合计
9	第三季度	杂草稻防控	发生杂草稻田块不拔除干净的，按实际发生田块亩数扣除该项奖励。	100	
10		杂草清除	有明显草害发生，按实际发生田块亩数扣除相应奖励。	100	
11		茬口安排	秋播时不服从不按照街镇或农村农业部门茬口安排计划，扣除该项奖励。	20	
12		粮食交售	不遵守预约交售（烘干）制度，造成交售秩序混乱或者吵闹不听劝阻，给正常售粮秩序造成影响，经相关部门处理的，扣除该项奖励。	20	
13	第四季度	外围沟系清理	外围沟要求做到无杂草、无杂物、沟底无淤泥，确保排灌通畅，没按时完成外围沟清理工作的，扣除该项奖励。	50	
14		适时收种	没有按照区农委三秋工作意见规定的时间内（特殊年份按区农委调整时间）完成水稻收割、绿肥播种的，按实际发生亩数扣除相应奖励。	50	
15		按时冬翻	没在冬至前完成冬翻的（特殊年份按区农委调整时间），按实际发生亩数扣除相应奖励。	50	

附录六　松江区关于以奖代补耕地质量保护的实施方案

耕地是粮食生产的主要载体，更是粮食生产命根子，保护耕地就是保护粮食生产。耕地保护稳定面积是前提，提升质量是关键，实现土地健康、种植科学是粮食生产提质增效的必行之路，也是现代农业可持续发展的必然要求。2017年中央一号文件指出"深入实施藏粮于地、藏粮于技战略，严守耕地红线，保护优化粮食产能。全面落实永久基本农田特殊保护政策措施，实施耕地质量保护和提升行动"。为贯彻落实中央一号文件，进一步保护和提升松江耕地质量，探索试点以奖代补耕地质量保护扶持政策，实质性推进耕地保护措施，确保松江粮食生产永续发展，特制订如下实施方案。

一、实施的目的

以奖代补耕地质量保护，通过政策性保护耕地质量保险，创新扶持方式，由直补转为政策性奖励，正向激励引导，发挥粮食生产经营者保护耕地的主动性和积极性，只要在生产经营期内，采取保护措施，科学生产，耕作的土地质量提升或不变，就可以获得政策性奖励资金，从而建立耕地保护长效管理机制，而且这个管理机制是有土地的耕作者主导的，由被动接受转变为主动作为，对松江耕地质量保护有着深远意义。

主要方式是由市、区财政和生产经营者共同出资以购买政策性保险的方式，支付一定保费，待一轮生产经营合同到期后，根据地力保护评价指标，判定经营者耕地保护质量水平，依据不同的保护水平奖励一定的资金。通过以奖代补的方式，鼓励耕作者保护耕地，提升质量，使耕地在满足生产需要的同时，得到长期有效的保护和改善，促进粮食生产提质增效，推进农业可持续发展。

二、投保主体

签订承包经营合同 3 年以上（包含 3 年），投保时经营合同剩余 3 年以上（包含 3 年），且年龄 57 周岁以下（包含 57 周岁）的粮食家庭农场经营者（家庭农场作为投保主体，一户一单）。

三、承保单位

承担政策性农业保险工作的保险公司承保。

四、实施内容

1. 耕地保护评价指标

根据松江粮食生产特点，围绕家庭农场生产方式，设定了 2 个具有代表性耕地质量保护评价指标。一是耕层厚度，作为限制性评价指标。项目结束时，根据抽样检测结果，耕作厚度≥17 厘米，判定为合格。二是土壤有机质含量。在本项目期中（第 3 年）和结束时（第 5 年），分别对土壤的有机质进行抽样检测，将检测结果对照项目实施前的土壤有机质基础值，判定耕地有机质含量等级变化，保险公司依据等级变化情况，确定是否获得以奖代补资金。

2. 评价周期

根据家庭农场一轮经营期限，耕地质量评价以 5 年为一个周期。投保前，由专业检测机构对家庭农场耕地质量进行检测，确立耕地质量基础值，在第 3 年检测和评价有机质含量，作"期中评价"，承包期结束即第 5 年检测和评价有机质含量和耕层厚度，作"期末评价"，根据检测值判定耕地保护情况，实施以奖代补。

3. 检测结果

土壤检测委托由有资质的第三方专业机构负责，出具检测报告，一户一报告。由区农委制定《耕地质量保护采样规程》，专业检测机构根据《规程》实施采样、制样和检测等工作。对第三方出具的检测结果，委托区食用农产品检测中心开展盲样抽检，确保检测质量。

五、实施年限

2017 年 12 月—2022 年 12 月

六、资金安排

该项目已申请市级农业保险以奖代补项目，市财政补贴40％，区财政40％，家庭农场经营者自筹20％，根据投保面积匡算约900万元/年，以实际面积为准。

1. 保费

保费每年80元/亩，由市、区财政补贴64元/亩，家庭农场承担16元/亩。

2. 奖励

根据第三方出具"期中评价"或"期末评价"耕地质量保护结果，保险公司依据相应的条款对家庭农场奖励，直接通过农民"一卡通"拨付。

3. 处罚

参加以奖代补的家庭农场在"期中评价"或"期末评价"两次耕地质量评价指标较基础值下降超过5％以上（不含5％），经复检不合格，且因主观原因在生产过程中造成的耕地质量下降，取消下一轮经营承包资格。

七、组织实施

以政策性农业保险方式实施耕地保护是一项具有开创性的工作，需要各部门协同配合和大力支持，各司其职，不断地完善和提升松江耕地质量保护能力。区农委种植业办：制定相关的政策和操作规程，具体组织实施，监督保险公司、第三方检测机构和街镇组织落实情况及相关政策解读等工作；保险公司：组织落实投保、奖励、保险条款解读等工作；第三方检测机构：根据采样化验操作规程，及时提供准确的检测报告；各街镇：根据实施方案，配合保险公司，组织落实好家庭农场投保工作，宣传相关政策，做好日常的监督管理等工作。

参 考 文 献

[1] Azadi H. Monitoring land governance: Understanding roots and shoots [J]. *Land Use Policy*, 2020, 94: 104530.

[2] Ayambire R A, Pittman J. Adaptive co-management of environmental risks in result-based agreements for the provision of environmental services: A case study of the South of the Divide Conservation Action Program[J]. *Journal of Environmental Management*, 2021, 295: 113111.

[3] Bartolini F, Vergamini D, Longhitano D, et al. Do differential payments for agri-environment schemes affect the environmental benefits? A case study in the North-Eastern Italy[J]. *Land use policy*, 2021, 107: 104862.

[4] Besley T, Coate S. Centralized versus decentralized provision of local public goods: a political economy approach[J]. *Journal of Public Economics*, 2003, 87(12): 2611-2637.

[5] Baylis K, Peplow S, Rausser G, et al. Agri-environmental policies in the EU and United States: A comparison[J]. *Ecological economics*, 2008, 65(4): 753-764.

[6] Börner J, Baylis K, Corbera E, et al. The effectiveness of payments for environmental services[J]. *World development*, 2017, 96: 359-374.

[7] Burton R J F, Schwarz G. Result-oriented agri-environmental schemes in Europe and their potential for promoting behavioural change[J]. *Land Use Policy*, 2013, 30(1): 628-641.

[8] Busch J, Mukherjee A. Encouraging State Governments to protect and restore forests using ecological fiscal transfers: India's tax revenue distribution reform[J]. *Conservation Letters*, 2018, 11(2): e12416.

[9] Busch J, Kapur A, Mukherjee A. Did India's ecological fiscal transfers incentivize state governments to increase their forestry budgets?[J]. *Environmental Research Communications*, 2020, 2(3): 031006.

[10] Busch J, Ring I, Akullo M, et al. A global review of ecological fiscal transfers[J]. *Nature Sustainability*, 2021, 4(9): 756-765.

[11] Cai Y, Yu L. Rural household participation in and satisfaction with compensation programs targeting farmland preservation in China[J]. *Journal of cleaner production*, 2018, 205: 1148-1161.

[12] Cao H, Qi Y, Chen J, et al. Incentive and coordination: Ecological fiscal transfers' effects on eco-environmental quality[J]. *Environmental impact assessment review*, 2021, 87: 106518.

[13] Cao R F, Zhang A L, Wen L J. Trans-regional compensation mechanism under imbalanced land development: From the local government economic welfare perspective[J]. *Habitat International*, 2018, 77(7), 56-63.

[14] Cao R, Zhang A, Cai Y, et al. How imbalanced land development affects local fiscal condition? A case study of Hubei Province, China[J]. *Land Use Policy*, 2020, 99: 105086.

[15] Chau, N H, Zhang W. Harnessing the forces of urban expansion: the public economics of farmland development allowances[J]. *Land Economics*, 2011, 87.3: 488-507.

[16] Chen X, Wang J. Quantitatively Determining the Priorities of Regional Ecological Compensation for Cultivated Land in Different Main Functional Areas: A Case Study of Hubei Province, China[J]. *Land*, 2021, 10(3): 247.

[17] Chen Z, Zhang A, Zhou K, et al. Can payment tools substitute for regulatory ones? Estimating the policy preference for agricultural land preservation, Tianjin, China[J]. *Land Use Policy*, 2021, 100: 104860.

[18] Claassen R, Duquette E N, Smith D J. Additionality in US agricultural conservation programs[J]. *Land Economics*, 2018, 94(1): 19-35.

[19] de Paulo F L L, Camões P J S. An analysis of delay in implementing ecological fiscal transfers in Brazil[J]. *Environmental Development*,

2021, 37: 100550.

[20] Droste N, Ring I, Schröter-Schlaack C, et al. Integrating ecological indicators into federal-state fiscal relations: a policy design study for Germany[J]. *Environmental Policy and Governance*, 2017, 27(5): 484-499.

[21] Droste N, Ring I, Santos R, et al. Ecological fiscal transfers in Europe-evidence-based design options for a transnational scheme[J]. *Ecological Economics*, 2018, 147: 373-382.

[22] Engel S, Pagiola S, Wunder S. Designing payments for environmental services in theory and practice: An overview of the issues[J]. *Ecological Economics*, 2008, 65(4): 663-674.

[23] Erik G-B, Groot R D, Lomas P L, Montes C. The history of ecosystem services in economic theory and practice: From early notions to markets and payment schemes[J]. *Ecological Economics*, 2010, 69(6): 1209-1218.

[24] Farley J, Costanza R. Payments for ecosystem services: from local to global[J]. *Ecological economics*, 2010, 69(11): 2060-2068.

[25] Filoche, G. Playing musical chairs with land use obligations: Market-based instruments and environmental public policies in Brazil[J]. *Land Use Policy*, 2017, 63: 20-29.

[26] Fischel W A. *Do growth controls matter? A review of empirical evidence on the effective ness and efficiency of local government land use regulation*[M]. Cambridge, Mass: Lincoln Institute of Land Policy, 1990.

[27] Früh-Müller A, Bach M, Breuer L, et al. The use of agri-environmental measures to address environmental pressures in Germany: Spatial mismatches and options for improvement[J]. *Land Use Policy*, 2019, 84: 347-362.

[28] Ganong P, Shoag D. Why has regional income convergence in the US declined?[J]. *Journal of Urban Economics*, 2017, 102: 76-90.

[29] Gardner B D. The economics of agricultural land preservation[J]. *American Journal of Agricultural Economics*, 1977, 59(5): 1027-1036.

[30] Herzon I, Birge T, Allen B, et al. Time to look for evidence: Results-based approach to biodiversity conservation on farmland in Europe[J]. *Land use policy*, 2018, 71: 347-354.

[31] Huang Z, Du X, Castillo C S Z. How does urbanization affect farmland protection? Evidence from China[J]. *Resources, Conservation and Recycling*, 2019, 145: 139-147.

[32] Irwin E G, Bell K P, Bockstael N E, Newburn D, Partridge M, Wu J J. The Economics of Urban-Rural Space[J]. *Annual Review of Resource Economics*, 2009, 1(1): 435-459.

[33] Jiang P, Li M, Sheng Y. Spatial regulation design of farmland landscape around cities in China: A case study of Changzhou City[J]. *Cities*, 2020, 97: 102504.

[34] Kassis G, Bertrand N, Pecqueur B. Rethinking the place of agricultural land preservation for the development of food systems in planning of peri-urban areas: Insights from two French municipalities[J]. *Journal of Rural Studies*, 2021, 86: 366-375.

[35] Le W, Leshan J. How eco-compensation contribute to poverty reduction: A perspective from different income group of rural households in Guizhou, China[J]. *Journal of Cleaner Production*, 2020, 275: 122962.

[36] Lee B, Chang H H, Wang S Y. Can environmental disamenities increase land values? A case study of manufacturing factories on farmland[J]. *Journal of Cleaner Production*, 2021, 279: 123432.

[37] Liang X, Jin X, Yang X, et al. Exploring cultivated land evolution in mountainous areas of Southwest China, an empirical study of developments since the 1980s[J]. *Land Degradation & Development*, 2021, 32(2): 546-558.

[38] Liang X, Jin X, Han B, et al. China's food security situation and key questions in the new era: A perspective of farmland protection[J]. *Journal of Geographical Sciences*, 2022, 32(6): 1001-1019.

[39] Lichter D T, Brown D L. Rural America in an urban society: Changing spatial and social boundaries[J]. *Annual review of sociology*, 2011, 37: 565-592.

[40] Long H, Ge D, Zhang Y, et al. Changing man-land interrelations in China's farming area under urbanization and its implications for food security[J]. *Journal of environmental management*, 2018, 209: 440-451.

[41] Lu C F, Cheng C Y. Does the change of agricultural zoning policy achieve farmland protection in Taiwan? [J]. *Land Use Policy*, 2023, 126: 106518.

[42] Mariel P, Hoyos D, Meyerhoff J, et al. *Environmental valuation with discrete choice experiments: Guidance on design, implementation and data analysis*[M]. Springer Nature, 2021.

[43] Mariel P, Arata L. Incorporating attitudes into the evaluation of preferences regarding agri-environmental practices[J]. *Journal of Agricultural Economics*, 2022, 73(2): 430-451.

[44] Mayrand K, Paquin M. Payment for Environmental Services: a survey and assessment of current schemes[J]. *Journal of Helminthology*, 2004, 1(2): 77-80.

[45] Nannan Xu. What gave rise to China's land finance? [J]. *Land Use Policy*, 2019, 87(09), 104015.

[46] Nelson A C, Pruetz R, Woodruff D. *The TDR Handbook: Designing and Implementing Transfer of Development Rights Programs*[M]. Island Press, 2011.

[47] Oates W E. An Essay on Fiscal Federalism[J]. *Journal of Economic Literature*, 1999, 37(3): 1120-1149.

[48] Pagiola S. Payments for environmental services in Costa Rica[J]. *Ecological Economics*, 2008, 65(4): 712-724.

[49] Perrin C, Nougarèdes B, Sini L, Branduini, Salvati. Governance changes in peri-urban farmland protection following decentralisation: A comparison between Montpellier (France) and Rome (Italy)[J]. *Land Use Policy*, 2018, 70: 535-546.

[50] Perrin C, Clément C, Melot R, et al. Preserving farmland on the urban fringe: A literature review on land policies in developed countries[J]. *Land*, 2020, 9(7): 223.

[51] Perrin C, Nougaredes B. An analytical framework to consider social

justice issues in farmland preservation on the urban fringe. Insights from three French cases[J]. *Journal of Rural Studies*, 2022, 93: 122-133.

[52] Ring I. Integrating local ecological services into intergovernmental fiscal transfers: the case of the ecological ICMS in Brazil[J]. *Land use policy*, 2008, 25(4): 485-497.

[53] Ruggiero P G C, Metzger J P, Tambosi L R. Payment for ecosystem services programs in the Brazilian Atlantic Forest: Effective but not enough[J]. *Land Use Policy*, 2019, 82: 283-291.

[54] Ruggiero P G C, Pfaff A, Pereda P, et al. The Brazilian intergovernmental fiscal transfer for conservation: A successful but self-limiting incentive program [J]. *Ecological Economics*, 2022, 191: 107219.

[55] Salles, G. P., Salinas, D. T. P., & Paulino, S. R. How funding source influences the form of REDD+ initiatives: The case of market versus public funds in Brazil[J]. *Ecological Economics*, 2017, 139: 91-101.

[56] Sauquet A, Marchand S, Féres J G. Protected areas, local governments, and strategic interactions: The case of the ICMS-Ecológico in the Brazilian state of Paraná[J]. *Ecological Economics*, 2014, 107: 249-258.

[57] Song M, Ji Y, Zhu M, et al. Routes Determine Results? Comparing the Performance of Differentiated Farmland Conservation Policies in China Based on Farmers' Perceptions[J]. *Agriculture*, 2022, 12(9): 1442.

[58] Su F, Tao R, Wang H. State fragmentation and rights contestation: rural land development rights in China[J]. *China & World Economy*, 2013, 21(4): 36-55.

[59] Šumrada T, Vreš B, Čelik T, et al. Are result-based schemes a superior approach to the conservation of High Nature Value grasslands? Evidence from Slovenia[J]. *Land use policy*, 2021, 111: 105749.

[60] Tanaka K, Hanley N, Kuhfuss L. Farmers' preferences toward an outcome-based payment for ecosystem service scheme in Japan[J]. *Journal of Agricultural Economics*, 2022, 73(3): 720-738.

[61] Tang P, Feng Y, Li M, Zhang Y. Can the performance evaluation change from central government suppress illegal land use in local governments? A new interpretation of Chinese decentralisation[J]. *Land Use Policy*, 2021, 108: 105578.

[62] Vainio A, Tienhaara A, Haltia E, et al. The legitimacy of result-oriented and action-oriented agri-environmental schemes: A comparison of farmers' and citizens' perceptions[J]. *Land use policy*, 2021, 107: 104358.

[63] Vatn A. An institutional analysis of payments for environmental services[J]. *Ecological Economics*, 2010, 69(6): 1245-1252.

[64] Wan L, Zheng Q, Wu J, Wei Z, Wang S. How does the ecological compensation mechanism adjust the industrial structure? Evidence from China[J]. *Journal of Environmental Management*, 2022, 301: 113839.

[65] Wang H, He C, Li W, et al. Will transferable development rights (TDR) increase regional economic imbalance? — A quota transaction case of cultivated land conversion and reclamation in Guangxi, China[J]. *Habitat International*, 2020, 104: 102254.

[66] Wang K, Ou M, Wolde Z. Regional differences in ecological compensation for cultivated land protection: An analysis of chengdu, Sichuan Province, China[J]. *International Journal of Environmental Research and Public Health*, 2020, 17(21): 8242.

[67] White B, Hanley N. Should we pay for ecosystem service outputs, inputs or both?[J]. *Environmental and Resource Economics*, 2016, 63: 765-787.

[68] Wuepper D, Huber R. Comparing effectiveness and return on investment of action-and results-based agri-environmental payments in Switzerland[J]. *American Journal of Agricultural Economics*, 2022, 104(5): 1585-1604.

[69] Wunder S. The Efficiency of Payments for Environmental Services in Tropical Conservation[J]. *Conservation Biology*, 2007(21): 48-58.

[70] Wunder S, Brouwer R, Engel S, et al. From principles to practice in paying for nature's services[J]. *Nature Sustainability*, 2018, 1(3):

145-150.

[71] Yang X, Zhou X, Cao S, Zhang, A. Preferences in Farmland Eco-Compensation Methods: A Case Study of Wuhan, China[J]. *Land*, 2021, 10(11): 1159.

[72] Zhong T, Qian Z, Huang X, et al. Impact of the top-down quota-oriented farmland preservation planning on the change of urban land-use intensity in China[J]. *Habitat International*, 2018, 77: 71-79.

[73] Zabel A. Biodiversity-based payments on Swiss alpine pastures[J]. *Land Use Policy*, 2019, 81: 153-159.

[74] Zhou B B, Aggarwal R, Wu J, Lv L. Urbanization-associated farmland loss: A macro-micro comparative study in China[J]. *Land Use Policy*, 2021, 101: 105228.

[75] 曹瑞芬,张安录. 跨区域财政转移制度的耕地保护效应——以新增建设用地使用费为例[J]. 资源科学,2019,41(9): 1714-1723.

[76] 车东晟. 政策与法律双重维度下生态补偿的法理溯源与制度重构[J]. 中国人口·资源与环境,2020,30(08): 148-157.

[77] 崔宁波,生世玉,方袁意如. 粮食安全视角下省际耕地生态补偿的标准量化与机制构建[J]. 中国农业大学学报,2021,26(11): 232-243.

[78] 丁振民,姚顺波. 区域生态补偿均衡定价机制及其理论框架研究[J]. 中国人口·资源与环境,2019,29(09): 99-108.

[79] 黄少安,李业梅. 耕地抛荒和政府监管的理性认识[J]. 社会科学战线,2021(01): 67-77.

[80] 李国敏,卢珂,黄烈佳. 主体权益下耕地非农化价值损失补偿的反思与重构[J]. 中国人口·资源与环境,2017,27(12): 137-145.

[81] 梁流涛,高攀,刘琳轲. 区际农业生态补偿标准及"两横"财政跨区域转移机制——以虚拟耕地为载体[J]. 生态学报,2019,39(24): 9281-9294.

[82] 林坚,武婷,张叶笑,等. 统一国土空间用途管制制度的思考[J]. 自然资源学报,2019,34(10): 2200-2208.

[83] 刘晋宏,孔德帅,靳乐山. 生态补偿区域的空间选择研究——以青海省国家重点生态功能区转移支付为例. 生态学报,2019,39(1): 53-62.

[84] 刘守英. 中国城乡二元土地制度的特征、问题与改革[J]. 国际经济评论,2014,(03): 9-25+4.

[85] 姜磊. 空间回归模型选择的反思[J]. 统计与信息论坛, 2016, 31(10): 10-16.

[86] 马爱慧, 唐鹏. 规划管制下耕地保护空间外溢及区域财政转移——基于四川省的实证[J]. 长江流域资源与环境, 2020, 29(03): 776-784.

[87] 钱忠好. 中国农地保护: 理论与政策分析. 管理世界[J]. 2003, (10): 60-70.

[88] 钱忠好. 土地征用: 均衡与非均衡——对现行中国土地征用制度的经济分析[J]. 管理世界, 2004, 20(12): 50-59.

[89] 宋敏, 韩曼曼. 生态福祉视角下的农地城市流转生态补偿机制: 研究进展与框架构建[J]. 农业经济问题, 2016, 37(11): 94-103+112.

[90] 宋敏, 易路平, 张安录. 规划管制下土地发展权受限的多情景测度: 数量与价值[J]. 中国人口·资源与环境, 2022, 32(01): 107-115.

[91] 孙晶晶, 赵凯, 曹慧, 牛影影. 我国耕地保护经济补偿分区及其补偿额度测算——基于省级耕地-经济协调性视角[J]. 自然资源学报, 2018, 33(06): 1003-1017.

[92] 汪晖, 陶然. 论土地发展权转移与交易的"浙江模式"——制度起源、操作模式及其重要含义. 管理世界, 2009(8): 39-52.

[93] 王青, 陈志刚. 中国城乡差距对农地违法非农化的影响[J]. 资源科学, 2019, 41(12): 2274-2283.

[94] 王雯雯, 叶菁, 张利国, 魏超, 张红伟, 刘寒寒. 主体功能区视角下的生态补偿研究——以湖北省为例[J]. 生态学报, 2020, 40(21): 7816-7825.

[95] 文兰娇, 张安录. 地票制度创新与土地发展权市场机制及农村土地资产显化关系[J]. 中国土地科学, 2016, 30(07): 33-40+55.

[96] 徐鸿翔, 张文彬. 国家重点生态功能区转移支付的生态效应研究——基于陕西省数据的实证研究[J]. 中国人口·资源与环境, 2017, (11): 141-148.

[97] 杨欣, 蔡银莺, 张安录. 农田生态补偿横向财政转移支付额度研究——基于选择实验法的生态外溢视角[J]. 长江流域资源与环境, 2017, 26(03): 368-375.

[98] 张安录, 杨钢桥. 美国城市化过程中农地城市流转与农地保护[J]. 中国农村经济, 1998(11): 75-81.

[99] 张俊峰, 贺三维, 张光宏, 张安录. 流域耕地生态盈亏、空间外溢与财政转移——基于长江经济带的实证分析[J]. 农业经济问题, 2020(12):

120-132.

[100] 张孝宇,谢新朋,张安录.武汉市耕地非农化的空间非均衡发展与空间扩散路径分析[J].自然资源学报,2014,29(10):1649-1659.

[101] 张孝宇,张安录.台湾都市更新中的容积移转制度:经验与启示[J].城市规划,2018,42(02):91-96.

[102] 张晏维,卢新海.差异化政策工具对耕地保护效果的影响[J].资源科学,2022,44(04):660-673.

[103] 周小平,柴铎,宋丽洁."双纵双横":耕地保护补偿模式创新研究[J].南京农业大学学报(社会科学版),2010,10(3):50-56.